좌충우돌
미국의 통합교육 이야기

-ADHD, 자폐스펙트럼장애, 학습장애, 정서장애,
적대적 반항장애 학생들과의 학교생활 이야기-

좌충우돌
미국의 통합교육 이야기

ADHD, 자폐스펙트럼장애, 학습장애, 정서장애,
적대적 반항장애 학생들과의 학교생활 이야기

신경아 저

학지사

들어가며

"선한 의도만으로는 충분치 않다."

이 말은 특수교육을 공부하던 시절 그리고 특수교육 분야에서 일하고 있는 현재에도 계속해서 나의 마음속을 두드리는 문장이다. 미국에서 특수교육 선생님으로 일하면서 한국에 있는 동료 선생님들과 학부모님들에게 가장 먼저 소개하고 싶었던 것은 바로 선한 의도를 선하게 계속 유지하게 하고 선한 결과를 맺게 하는 데 도움을 주는 미국 학교의 각종 제도와 시스템 그리고 함께 일하는 문화였다.

시시때때로 신문이나 방송에서 장애학생들과 가족들 그

리고 시설에서 일어난 안타깝고 비극적인 사건들을 접할 때마다 속상한 마음이었다. 남의 일처럼 여겨지지 않았다. 9시 뉴스에서 음성 변조로 또는 수갑을 차고 고개를 숙인 채 가해자로 등장하는 사람들이 모두 처음부터 악하고 이기적인 마음을 가지고 이 분야에서 일을 시작한 것은 아니었으리라 추측해 본다. 일을 하면 할수록, 봉사를 하면 할수록 원했던 열매는 맺히지 않고 한 개인이 감당하기에는 너무나 힘든 짐들 가운데 여러 가지 유혹을 이기지 못하고 넘어졌으리라 생각한다.

늦은 나이에 미국에서 처음 특수교육 공부를 시작했을 때, 장애학생의 교육은 부모나 한 가정의 범위를 넘어서서 학교, 지역 사회 그리고 국가가 책임져야 한다는 개념에 대해 알게 되었다. 너무나 놀랐었다. 한국에서 통합학급의 담임 선생님으로 일한 10여 년 동안 나는 당연한 일을 하는 것이 아니라 특별하고 선한 일을 그 장애학생들에게 하고 있다고 은근히 생각했었다. 그뿐만 아니라 장애학생들을 나의 틀에 맞추어 교육시키고 변화시켜야 할 대상으로만 생각했었지, 그들을 이해하고 그들에게 맞추어 나를 바꾸어야 한다는 생각은 전혀 하지 못했다. 그러나 특수교육 공부를 시작하면서 그리고 미국의 공립 초등학교에서 일하면서 그러한 시각은 바뀌게 되었다.

이와 더불어 과거에 내가 가르쳤던 말썽꾸러기들, 게으름뱅이, 가정교육 제로(Zero) 학생들이 사실은 마음 깊숙이 도움이 필요했던 학생들이었다는 사실을 알게 되었다. 그들을 지칭하는 특수교육 용어—ADHD, 학습장애, 적대적 반항장애, 정서장애, 자폐스펙트럼장애—가 있고, 그들을 가르치는 특별한 방법들이 있다는 것을 알게 되었을 때 마치 심 봉사가 눈을 번쩍 뜬 것마냥, 이것들을 한국에 계신 선생님들에게 알려드려야겠다는 강한 욕망에 사로잡히게 되었다. 선생님들에게 그리고 학부모님들에게 "그 아이들이 공부를 못하는 것, 제멋대로 행동을 하는 것은 당신 탓이 아니에요."라고 알리고 싶은 충동을 누를 수 없어 시작한 일이 페이스북에 글을 연재하는 것이었다. 여러 번 글을 올리다가 미국에 있는 한인 신문 사장님이 우연히 읽어 보시고는 신문에 연재를 부탁하셨다. 이렇게 시작한 글쓰기가 이 책으로까지 연결된 것이다.

이 책에는 미국의 공립 초등학교에서 실시하고 있는 아주 일반적인 통합교육에 대해 소개되어 있다. 이 책은 학교 선생님들과 학부모님들 그리고 특수교육에 관심이 있는 일반인들을 위해 쓰였다. 미국 애리조나주의 공립 초등학교에서는 어떤 모습으로 통합교육이 이루어지고 있는지 그리고 ADHD, 학습장애, 정서장애, 적대적 반항장애, 자폐스펙트럼장애 학생들은 어떤 식으로 학교 시스템에서 진단을 받고 특수교육 대상자로 인정되고 특수교육을 받게 되는지에 대해 소개하였다. 어쩌면 한국에서는 실정에 맞는 현실적이고 효과적인 교육 방법들을 이미 실시하고 있을지도 모르겠다. 그럴지라도 마치 다양한 재료의 레시피를 알고 있으면 저녁 식탁이 더 풍성해지는 것처럼, 이 책에서 소개된 방법들과 내용들이 한국에 계신 특수교육 관련 가족들에게 생각과 삶의 폭을 넓혀 주는 계기가 되었으면 하는 바람이다.

끝으로 이 책을 내라고 계속 격려와 용기를 북돋아 준 가족들—남편과 두 아이들, 친정 부모님과 시부모님—과 보잘 것없는 원고를 혼쾌히 책으로 출판해 주시겠다고 하신 출판사에게 감사를 전한다.

차례

★ 들어가며 · 005 ★

제1부 미국에서 특수교육 선생님 되기

01 특수교육 선생님 되기 · 013

02 나이, 인종, 성별을 뛰어넘는 특수교육 · 021

03 특수교육 선생님의 현실 · 027

04 아이들에게서 배우는 특수교육 · 033

제2부 미국 특수교육의 특징

05 「FAPE」· 043

06 일등을 만드는 교육 vs 꼴등을 없애는 교육 · 053

07 특수교육에 관련된 오해 · 061

08 자립을 북돋는 말, 비계 · 073

제 3 부 팀으로 일하는 특수교육
-모든 것을 함께 결정하기

09 자료실 선생님? 특수교육 선생님! · 083

10 팀으로 일하는 특수교육 · 091

11 당당한 학부모, 쿨한 선생님 · 099

12 공간을 함께하기, 활동을 같이하기 – 함께하는 첫걸음 · 105

제 4 부 현장의 이야기

13 특수교육은 누가 받을 수 있나요 · 113

14 특수교육이 필요하다면–미국에서의 절차 · 117

15 IEP 미팅 · 125

16 분노왕 – 정서장애 · 135

17 기분왕 – 정서장애 · 143

18 분노왕+기분왕=적대적 반항장애 · 151

19 좋아하는 것만 집중이 잘돼요 – ADHD · 161

20 들을 귀 있는 자는 들으라 – 난독증 · 175

21 뇌전증 · 181

22 공부를 못하는 것은 누구 탓일까 – 학습장애 · 193

23 교통사고나 정신적인 충격으로 인지기능이 낮아질 수도 있다 · 201

★ 참고문헌 · 208 ★

★ 찾아보기 · 210 ★

제1부

미국에서 특수교육 선생님 되기

01
특수교육 선생님 되기

미국 땅을 밟은 지 이제 9년이 넘어간다. 그동안 정신없이 살아왔다. 늦은 나이에 울면서 공부하던 날이 엊그제 같은데 이제는 좀처럼 잘리지 않는다는 직장생활 4년 차가 넘었다. 내 인생의 계획표에는 미국에서 정착하여 산다는 계산은 전혀 없었다. 그저 미국 여행이나 하고 싶다는 바람 정도였다. 그런데 어처구니없게도 마흔 살이 막 넘었을 때, 남편이 미국행을 감행하였고, 전혀 계획에 없던 미국살이를 하게 되었다. 그것도 섭씨 30~40도를 밤낮으로 넘는 날이 연속으로 40일 이상 되는 광야, 애리조나에서 말이다.

한국에서 초등학교 선생님으로 일했던 나는 답답하고 지루한 미국 생활을 견딜 수 없었다. 당시 고등학생과 초등학생이던 아이들은 낯설고, 친구도 없다며 울고불고 난리였다. 나는 탈출구로 동네에 있는 대학교에서 특수교육을 공부하였다.

운전이 능숙하지 않았던 나는 대학교 입학 담당자의 꾐에 넘어가 온라인으로 진행하는 석사 과정에 입학하게 되었다. 입학 담당자는 온라인으로 강의를 듣는 학생들에게는 파격적인 학비 할인이 있다고도 꾀었다. 한국에서 교사 연수 때 경험하였던 온라인 연수를 연상하며 왠지 캠퍼스에 직접 가서 수업을 듣는 것보다 좀 쉬울 것이라는 안이한 생각에 온라인 석사 과정을 시작하였다. 이것은 곧 엄청난 후회로 이어졌다. 공부하는 내내 만만치 않은 과제의 양과 엄격한 학사관리, 무엇보다 학비를 할인받는 대신 휴학을 할 수가 없었고, 방학도 없이 일사천리로 쉼 없이 2년 만에 모든 과정을 마쳐야 한다는 압박 가운데 울면서 학기들을 견디게 되었다. 학생들과 교수들이 직접 얼굴을 맞대지 않으니 인종 차별이나 성 차별, 지역 차별 등은 없었지만, 외국인 특혜나 영어를 처음 배운다는 등의 변명은 전혀 통하지 않았다. 오직 리포트와 토의 주제에 관한 참신하고 논리적인 의견 제시와 댓글만이 학점에 반영될 뿐이었다. 더군다나 실습 103시간과 교생실습 15주는 몹시 힘겨웠다. 그러나 이 경험들이 코로나19로 학교 수업이 온라인으로 전환되었을 때 많은 도움이 되었다.

과정 중에 했던 일반 실습과 교생실습은 미국의 특수교육에 관해 눈을 뜨게 해 주었다. 물론 미국이라는 땅이 무척이나 넓고 각 주마다 제각각 자기들 편한 대로 교육 시스템을 운영하는 경우가 많지만 미국의 특수교육에 대한 큰 틀을 보게 되었고, 무엇보다 한국에 있을 때는 전혀 생각조차 못했던 것들을 보고, 느끼고, 반성하게 되었다. 특수학교, 복지관에 있는 특수학급, 일반 고등학교에 있는 전일제 특수학급, 통합 특수교육 학급, 초등학교에 있는 ESL 수업, 장애인 NGO 단체 등을 두루 다니며 수업을 참관하고, 프로그램을 맡고 있는 선생님들과 인터뷰를 하였다. 특수교육 선생님, 학교 심리검사 선생님, 언어재활사 등과 인터뷰를 하며 미국에서의 특수교육이 어떻게 이루어지는지를 깊이 이해하게 되었다.

한국에서 내가 근무하였던 초등학교는 통합 특수교육으로 꽤나 알려진 곳이었다. 선생님으로 근무하는 내내, 내가 맡은 반에는 1~2명의 장애학생이 있었다. 대부분 중증의 자폐스펙트럼장애를 지닌 학생들이었다. 그래서 나는 스스로 특수교육에 관해 뭘 좀 안다고 생각하였고, 특수교육에 대한 관심도 많았다. 그러나 2년간의 공부와 실습을 통해 기존의 지식과 경험 그리고 생각들은 박살나고, 수많은 참회와 반성을 거듭하게 되었다. 그동안 옳다고 느끼고 실천하였던 것들 중 많은 부분이 이제는 '아닐 수도 있다'는 것을 깨달았기 때문이었다.

처음 특수교육기관으로 실습을 나갔을 때, 미국 교육기관의 압도적인 시설 및 교육 기자재와 풍부한 인적자원에 감탄하지 않을 수 없었다. 모든 교육 기자재, 심지어 특수 유동식까지 장애학생들에게 무상으로 제공된다는 사실에 까무러칠 정도로 놀랐고, 언어치료, 작업치료, 특수체육 등의 프로그램이 학교 일과 시간 중에 무상으로 제공된다는 사실에 또다시 입이 벌어졌다. 거의 모든 공립학교에 전일제 특수학급과 통합 특수학급(지원실)이 일반학급들과 함께 공존하고 있는 모습에 결정적인 충격을 받았다. 특수교육 선생님은 고상하게 앉아서 학생들을 가르치거나 교육계획안을 짜고 있고, 나머지 뒤치다꺼리는 보조 선생님들이 도맡아하는 상황을 보며 '이 길로 들어서기를 잘했다!'라는 확신을 가졌다. 교장 선생님을 비롯하여 특수교육 선생님, 언어재활사, 작업치료사, 일반 담임 선생님 그리고 학교 심리검사 선생님들이 서로 왕래하며 미팅을 갖는 모습이 인상 깊었다.

실습생에서 특수교육 선생님이 되고 보니, 지금은 미국의 교육에 깊이 배어 있는 '공정'을 향한 부단한 성찰과 노력, 선택과 자립의 강조를 읽을 수 있게 되었고, 자동적으로 한국의 교육 문화와 비교하게 되었다. 무엇이 옳고 우월하다는 것이 아니라 다른 색깔의 문화를 보고, 그 색이 만들어내는 그림들을 상상하는 것이다. 한국에 있는 친구 선생님들에게 그리고 함께 울고 웃었던 학부모들, 특히 장애인 자녀를 둔 어머니들에게 이런 색깔의 교육도 있다고 전하고 싶은 열망이 생겼다.

요즘 나는 ADHD, 학습장애, 자폐스펙트럼장애, 정서장애를 가진 학생들을 만나고 있다. 이들은 일반학급에 속해 있고, 하루에 30분에서 1시간 정도 나의 교실로 와서 수업을 받는다. 때로는 내가 그들의 반으로 가서 돕기도 한다. 이 학생들을 만나면서 나는 날마다 데자뷔를 경험한다. 이들이 이전에 한국에서 내가 가르치던 영철이, 희진이, 민수와 너무나 비슷하기 때문이다. 차이점이 있다면 그때 그 아이들은 '게으르다', '건방지다', '가정교육이 전혀 되어 있지 않다', '노력을 안 한다' 등의 비난을 받았지만 지금 내가 만나는 메리, 존, 이튼은 특수교육이라는 우산 아래 지원과 개별화된 교육을 받고 있는 것이다.

---

* 저자 주) 이 책에 나오는 모든 학생의 이름은 가명임을 밝힌다.

⋯ 미국에서 교사 자격증을 취득하는 길은 다양하다. 가르치는 과목에 따라 학교에 취직하기도 어렵지 않다. 특수교육, 수학, 과학 선생님은 자격증만 있으면 채용되는 형편이고, 영어, 사회 등의 문과는 교사 채용이 거의 없다. 주마다 조금씩 다르다. 내가 살고 있는 애리조나주의 경우, 대학교나 대학원에서 특수교육을 전공한 후, 교사 자격증 시험을 보고 일정 점수 이상을 취득하면 주 교육부에서 자격증을 부여한다.

⋯ 교사 자격증 시험은 마치 토플 시험처럼 주에서 지정한 평가전문기관에 가서 본다. 특수교육 선생님의 경우, 전공 과목 시험과 교육학 시험 이렇게 두 과목의 시험을 보게 되는데, 특수교육 석사학위가 있는 사람은 전공 과목 시험을 면제해 준다. 교사 자격증 취득을 위한 점수가 나오지 못하게 되면 토플 시험이나 운전면허 시험처럼 다시 신청해서 몇 번이고 원하는 만큼 볼 수 있다. 시험문제의 수준도 한국처럼 어렵고 까다롭고 치열한 것이 아니라 현장에서 꼭 필요하고 알아야 할 내용을 위주로 나오므로 시험에 운이 없는 사람들도 한두 번 정도 떨어지는 경험을 하고 나면 무난히 붙을 수 있을 것이다. 만약 미국 교사 자격증을 취득하고 싶다면 미국으로 유학을 와서 대학교나 대학원에서 공부를 한 후, 교사 자격증 시험을 보면

된다. 선생님이 되고 싶어 자격증을 취득하려는 마음이라면 꼭 유명하거나 학비가 비싼 대학교나 대학원을 갈 필요는 없다. 커뮤니티 칼리지 또는 온라인 강의를 제공하는 대학에도 초등교육이나 특수교육 과정이 있다.

… 교사 자격증이 있다면 이제 임용을 받아야 한다. 미국의 교사 임용 시스템은 한국과 매우 다르다. 한국은 공립학교의 경우 국가에서 교사를 임용하고 배치하며, 사립학교의 경우 각 학교에서 임용하는 데 비해, 미국은 개개의 학교나 교육청에서 교사를 채용한다. 교육청마다 채용 조건, 이를테면 건강보험, 연금, 근무 수당, 임금 등이 제각각 다르다. 마치 사기업과도 같다는 생각이 든다. 선생님의 채용에 가장 큰 권한을 가지는 사람은 교장 선생님이다. 내가 근무하는 교육청의 경우, 교육청의 장학사와 지원한 학교의 교장 선생님이 함께 면접을 보고 교사를 채용하는 것이 대부분이다. 한 가지 알아 두어야 할 것은 이 모든 것이 합법적으로 미국에서 일을 할 수 있는 신분이 있는 사람들을 대상으로 한다는 것이다. 즉, 일할 수 있는 비자를 가지고 있거나 영주권, 시민권자임을 전제로 하고 채용한다. 사기업이나 첨단 산업 분야에서는 회사에서 실력 있는 사람들이 일할 수 있는 비자나 영주권을 받을 수 있도록 지원해 주고 채용한다는 말을 심심치 않게 듣지만, 미국의 공립학교에서는 그것은 먼 나라 일인 것 같다.

02
나이, 인종, 성별을 뛰어넘는 특수교육

석사학위 과정의 마지막 관문으로 공립 초등학교에 있는 특수학급에서 무려 15주 동안이나 교생실습을 했다. 교생실습 기간 중에는 네 번이나 장학관에게 수업평가를 받으며 '확실히 실습을 시켜 먹는구나.' 하는 생각에 화가 치밀어 올랐다. 너무 힘들어서 말이다.

늦은 나이에 버벅대며 하는 실습은 생각보다 쉽지 않았다. 실습하는 학급은 특수학급 중에서도 최고 난이도라고 할 수 있는 중증 장애를 지닌, 유치원에서부터 초등학교 3학년 나이의 학생들로 이루어졌다. 장애가 없더라도 유치원에서부터 초등학교 3학년 연령의 학생들은 다루기가 어렵다. 이성이 잘 통하지 않는 나이이기 때문이다. 다행히 우리 학급의 학생은 8명이다. 담임 선생님 1명, 전임 보조 선생님 2명, 파트타임으로 도와주시는 보조 선생님 2명 그리고 나까지 매일 교실에는 6명의 어른이 있다. 학생은 8명인데 어른이 6명이니 누워서 떡 먹기라고 생각하기 십상이지만, 2명의 학생은 중복장애를 가졌기에 교실에 놓여 있는 침대에서 보내는 시간이 많고, 1명은 앞을 전혀 볼 수 없는 시각장애와 자폐스펙트럼장애를 동시에 지녔고, 나머지는 다운증후군, 자폐스펙트럼장애 등이 중복되어 의사소통이 잘 되지 않는 학생이다. 물론 모두 화장실에 갈 때 도움이 필요하다.

실습을 하며 부딪히는 가장 큰 어려움은 언어와 문화의 차이이다. 도무지 선생님들이 사적으로 하는 수다를 잘 알아들을 수가 없다. 그래서 나는 동문서답의 여왕으로 등극하였다. 예의 바른 선생님들은 내가 엉뚱한 대답을 날려도 당황하는 표정을 감추려고 노력한다. 미국인들의 칭찬과 격려를 어디까지 곧이곧대로 받아들이고 어느 지점에서 예의

상 하는 말로 알아들어야 할지 몹시 헷갈린다.

또한 아이들을 훈육할 때, 그동안 내가 해 왔던 한국식 방식을 완전히 내려놓고 새로운 기준으로 다가가야 하는 것이 어렵다. 아이들에게 목소리를 높인다든지, 째려본다든지, 책상을 내리치며 약간의 위협을 가한다든지, 심지어는 "손바닥 쫙 펴!" 하며 자를 휘두르는 행동은 절대 할 수 없다. "남기지 말고 다 먹어!" 또는 "살찌는 음식은 그만 먹고, 채소를 먹어!" 등의 급식 지도도 여기서는 할 수 없다. 점심으로 피자 4조각을 먹어 치우는 유치원생을 보고만 있어야 하는 안타까운 상황이 와도 어찌할 수 없다.

그러나 놀라운 진리를 발견하였다. 그것은 내가 '장애'를 품고 함께하려는 마음을 가졌다는 그 이유 하나만으로 이 학급에 받아들여졌다는 사실이다. 눈을 들어 보니, 이 교실에 있는 사람들은 장애가 아니었다면 말을 섞거나 한 공간에 있을 이유가 전혀 없다. 우리 학급에는 동양인, 백인, 흑인, 아메리칸 인디언, 남미 출신 등 다양한 인종의 사람들이 함께 지내고 있다. 살림살이, 종교, 성적 취향도 다양하다. 그런데 다운증후군, 시각장애, 자폐스펙트럼장애, 뇌병변,

뇌전증 등의 장애에 초점을 맞추고 힘쓰다 보니, 인종, 경제적 형편, 성별 등의 개인적인 차이들은 온데간데없이 잊혀지고, 오직 어떻게 하면 힘을 모아 이 장애를 극복할까에 자연스레 마음을 맞추게 된다. 심지어 미국은 경제적 형편에 상관없이 모든 장애학생은 교육을 받을 권리가 있다는 법령을 통해 온갖 교육 서비스를 무상으로 받을 수 있다. 그래서 특수학급에서 경제적 차이는 이제 거의 사라졌다고 본다(이것은 나의 개인적 생각이다). 한 사람 한 사람이 존, 메리, 린든, 경아, 고든 등의 이름으로 먼저 기억되고, 나머지 것들은 하찮은 것으로 비중이 바뀌는 것을 경험하고 있다. 나는 이곳에서 한국 여자, 아줌마라기보다는 그냥 한 명의 특수교육 선생님 지망생으로 인식되는 것을 느낀다.

나의 지도 선생님(바비 인형처럼 예쁘고 착한)을 따라 교육청에서 주최한 특수교육 선생님 미팅에 갔다. 모인 사람들은 모두 교육청 관할 공립학교에서 일하시는 특수교육 선생님들, 그중에서도 중증 장애 특수학급을 맡고 계신 역전의 용사들이었다. 나의 지도 선생님과 한 흑인 선생님이 반갑게 인사를 하며 서로 포옹을 했다. 인종과 나이의 벽이 무너지는 순간이었다. 그곳에 계신 선생님 모두 나를 반갑게 맞아 주셨다. 겨우 교생 따위인 나를 말이다. "커피를 타 오라.", "이 문서를 복사 좀 해 오라."는 등의 갑질은 눈을 씻고 찾아볼래도 찾아볼 수 없었다.

'장애'를 말할 때 뒤떨어지는 것, 모자라는 것, 수치스러운 것, 감추고 싶은 것으로 생각하는 경우가 많이 있다. 그러나 보라. 나를 비롯한 우리는 '장애'를 통해 경제적, 인종적, 문화적, 세대 간의 벽을 허물고 협력하게 되었다. 가장 약하고 무기력하다고 여겨지는 지구인들이 결국에는 강력한 협동을 가능하게 한 것이다. 오, 놀라워라!

밤 8시에 집에 도착했다. 출근은 새벽 6시 15분에 했는데 말이다. 내가 이렇게 밤늦게 집에 오게 된 이유는 바로 '교사 연수'를 받았기 때문이다. 노동법을 철저히 준수하는 미국의 일터에서 그것도 교양 꽤나 있다고 하는 교사집단에서 교양 없이 연수를 오후 4시 30분부터 7시 30분까지 실시한다는 것은 꿈에도 생각하지 못했던 일이었다. 미국의 선생님들은 칼퇴근에 결근이 잦다는 그런 헛된 말을 도대체 누가 했단 말인가?

특수교육 선생님으로 새롭게 태어난 나는 일이 산더미처

럼 많다고 느낀다. 실제로는 많지 않을 수 있지만 심정적으로는 일 더미 속에서 헤엄치는 기분이다. 나는 지금 서바이벌 모드로 살아가고 있다. 그런데 각종 교사 연수에서 만나는 선생님들과 잠깐 이야기를 나누어 보면 나만 이런 생각을 하는 것 같지는 않다. 미국에서 몸으로 느끼는 특수교육 선생님들의 업무는 양도 많지만 부담도 크다고 생각된다.

나는 지금 특수교육 선생님들 중에 Resource Teacher라고 불리는 선생님으로 일하고 있다. 창고에서 일하는 자료실 선생님이 아니라 '지원실 선생님', 즉 일반학급에서 공부하지만 특수교육이 필요한 학생들, 예를 들면 학습장애, ADHD, 자폐스펙트럼장애, 언어장애, 뇌전증, 적대적 반항장애 등을 가진 학생들을 하루에 30~60분 정도 따로 불러내어 특수교육을 시키는 선생님이다. 워낙 만나는 학생들이 다양하기에 알고 있어야 할 내용들이 많다. 각종 유전병, 장애의 특성, 교육방법, 주의 사항 등을 꼼꼼하게 알고 있어야 한다.

한국에서 일하고 있는 특수교육 선생님들을 보면 학습장애, ADHD, 뇌전증, 적대적 반항장애 등은 특수교육을 하지 않는 경우가 많고 그냥 일반학급에서 특별한 교육이나 도움

없이 학교생활을 하는 경우가 많기에 특수교육 선생님의 교육 대상에서 제외되고는 한다. 그런데 미국에서는 주마다 약간씩 차이는 있겠지만 특수교육 대상자의 범위가 넓고 다양하여 한 명의 특수교육 선생님이 맡게 되는 학생 수가 20명을 훌쩍 넘어 30명에 육박하는 경우까지 있다. 문제는 학기가 지날수록 맡게 되는 학생 수가 계속 늘어 간다는 데 있다. 특수교육이 필요한 학생들이 새로 전학 오기도 하고, 1~2학년 때는 잘 드러나지 않았던 장애가 고학년이 되면서 서서히 드러나 마침내 담임 선생님이나 학부모가 특수교육을 받을 수 있도록 진단검사를 의뢰하는 경우들이 생기기 때문이다.

학생 수가 많아지면 처리해야 할 문서의 양도 엄청나게 많아진다. 특수교육을 받는 학생들은 개인별로 '개별화교육계획안'이라는 법적 문서를 만들어야 하는데, 이 문서는 특수교육 선생님 혼자서 만드는 것이 아니라 일반학급의 담임 선생님, 학교 행정가(교장이나 교감 선생님), 상담 선생님* 등

---

*저자 주) 학교 심리검사 선생님(School Psychologist)을 말한다. 학교에서 주로 지능, 심리, 정서 등 각종 특수교육 대상자 선정에 관련된 검사를 실시하고 결과를 해석하

과 함께 공동 작업으로 만들어야 하고, 학부모를 모시고 최종 회의를 해서 계획안을 확정 지어야 하는 복잡한 과정을 거쳐야 한다. 특수교육 선생님은 동료 선생님들과 행정가들이 공동 작업을 할 수 있도록 조율하고 약속을 잡는 코디네이터 역할도 해야 한다. 만약 학생이 20명이라고 하면, 이 과정을 20번 해야 하는 것이다. 이 문서가 꽤나 중요한 것이기 때문에 문서를 작성할 때는 조목조목 정해진 규칙이나 법령을 따라야 하며, 이 규칙이나 법령이 종종 바뀌기도 하기 때문에 수시로 교사 연수를 통해 새로운 개정안을 익혀 두어야 한다.

학생들을 데리고 수업을 할 때에는 철저하게 기록을 남기고 데이터를 수집해야 한다. 왜냐하면 앞에서 설명한 '개별화교육계획안'에 있는 세부 학습 목표를 어떤 방법으로 어떻게 가르치고 목표를 달성했는지를 문서로 남겨 두어야 나

는 일을 맡아서 한다. 장애를 위한 검사, 해석 그리고 진단까지 내릴 수 있는 권한을 가지고 있다. 학교 심리검사 선생님이 내리는 검사 및 진단은 어디까지나 학교 상황에 국한된 것이어서 의료적인 진단은 정신과 의사에게 따로 받아야 한다. 또한 상담 선생님(School Counselor)은 학교에서 주로 학생들의 고민 상담, 학교생활 상담, 진로 상담을 한다.

중에 혹시라도 학부모와 분쟁이 생겼을 때 증거 자료를 제시할 수 있기 때문이다. 특수교육 선생님은 심지어 학생들이 화장실 가는 횟수, 기저귀 가는 횟수까지 다 기록으로 남긴다. 특수교육의 역사가 소송과 법정 싸움으로 이루어졌기 때문에 특수교육 선생님은 항상 법적인 분쟁에 휘말릴 각오와 대처를 하면서 교육에 임해야 한다.

특수교육 선생님은 일반 학생들이 배우는 교육 내용도 잘 알고 있어야 한다. 왜냐하면 지금 가르치고 있는 학생들이 궁극적으로는 일반 교육과정에 잘 적응하고 그 수준에 맞춰 갈 수 있도록 도와주어야 하기 때문이다. 그러므로 일반 교육과정에 새로운 내용이 도입되면 거기에 해당하는 교사 연수도 받아야 한다. 그러니까 각종 특수교육에 관련된 교사 연수도 받아야 하고, 일반 선생님들이 받는 교사 연수도 받아야 하는 곱빼기 배움의 상황이 벌어지는 것이다.

사람들을 관리하는 몫도 특수교육 선생님의 것이다. 미국에서는 학생들의 장애 정도에 따라 보조 선생님(Instructional Assistant 또는 para-professional라고 부름)을 채용해서 함께 가르친다. 그래서 함께 일해야 하는 보조 선생님이 보통 2명에서 5명까지 된다. 이들이 맡은 일을 성실하게 잘하도록 교육하고 업무 시간에 시간을 낭비하지 않게 눈을 크게 뜨고 살펴보는 일 또한 특수교육 선생님의 업무 중 하나이다. 보조 선생님이 일을 잘해야 학생들이 제대로 학교생활을 할 수 있기 때문이다. 그런데 이 일이 만만치 않다. 대부분의 보조 선생님은 상냥하고 헌신적으로 일하지만 가끔 하고 싶은 일만 골라 하거나 담임 선생님보다 더 선생님처럼 휘젓고 다니는 이들이 있기 때문이다.

혹시 자녀를 데리러 학교에 갔다가 우거지상을 하고 있는 특수교육 선생님을 마주친 적이 있는가? 아니면 만성적인 피로가 가득한 얼굴로 하교지도를 하는 특수교육 선생님을 보았는가? 그렇다면 따뜻한 위로나 격려의 말 한마디가 그들의 어깨를 조금이나마 가볍게 할 수 있을 것이다. 혹시 주변에 특수교육과 관련된 일을 하는 친구가 있다면 넓은 이해와 사랑으로 품어 주기를 바란다.

04
아이들에게서 배우는 특수교육

새내기 선생님인 나는 부족한 것이 많다. 우선 비장애학생들만 가르치다가 장애학생들에게 일반 교과를 가르치는 것이 익숙하지 않다. 아니 익숙하지 않은 정도가 아니라 전혀 새로운 세계이다. 가끔씩 관성의 법칙에 따라 내가 장애학생들, 즉 특별한 도움이 필요한 학생들을 가르치고 있다는 사실을 잊고는 옛날 버릇대로 가르치다가 크게 한 방 당하기도 한다.

내가 만나는 학생들은 주로 학습장애, ADHD, 언어장애, 정서장애 등을 지닌 이들이다. 이들의 공통점은 겉으로 보기에는 비장애학생들과 차이가 나지 않는다는 것이다. 이것이 이들을 괴롭게 한다. 왜냐하면 이들을 처음 만나는 사람들은 이들의 행동이나 말투를 '이상하다', '타인을 무시한다', '적대적이다' 또는 '버릇없다' 등으로 오해하기 때문이다. 예를 들면, 수학 문제를 풀 때 자꾸 몸을 이리저리 비틀거리고 노래를 흥얼거리는 행동을 한다. 조용히 하라고 몇 번 주의를 주었는데도 불구하고 멈추지를 못한다. 처음에는 선생인 나를 무시하는가 오해도 하였지만 지나고 보니 그 학생은 도무지 자기 몸을 가누지 못하는 것이었다. 만약 그가 한두 마디 경고로 자기 몸을 잘 가다듬고 수학 문제 풀기에 집중할 수 있었다면 왜 3년이 넘도록 특수학급에 오겠는가.

한번은 나름대로 다채로운 자료를 준비하여 아이들에게 프레젠테이션을 하며 가르쳤다. 결과는 완전히 꽝이었다. 아이들이 전자 칠판을 열심히 쳐다본다고 생각했는데 문제를 풀게 해 보니 전혀 뇌를 사용하지 않고 있음을 절실히 느낄 수 있었다. 그야말로 전체를 대상으로 수업하는 것은 비록 3명에서 6명의 소그룹인데도 비효과적임을 깨달았다. 반드시 한 명씩 옆에 끼고 앉아서 눈을 쳐다보고 손가락으로 설명하는 내용을 짚어 가면서 가르쳐야 그들이 뇌를 움직이는 것을 알게 되었다.

또 한번은 아이들에게 공부를 많이 시킬 욕심에 교실에 들어오자마자 수다를 떨지 못하게 하고 곧바로 수업 내용에 돌입하였다. 이러한 나의 전략은 아이들을 화나게 만들었고, 뿔이 난 아이들은 감정을 추스르지 못하고 엎드려 있거나 전혀 집중하지 않아 수업 시간 30분을 날려 버렸다. 나의 제자들은 감정의 기복이 심하고 한번 화가 나면 그 감정이 모든 행동을 삼켜 버리는 특징이 있다. 감정이 너무 없고, 공감 능력이 떨어져도 장애이지만 감정의 기복이 심하고, 감정이 이성을 지배하는 일이 자주 일어나는 것도 장애가 될 수 있다는 것을 깨달았다.

내가 맡은 아이들, 사랑스러운 나의 제자들은 배움에 대한 두려움이 강하다. 우선 복잡하고 어려워 보이는 것은 그림자도 가까이하기 싫어한다. 그러면서도 자신의 약점, 연약함을 드러내기를 두려워한다. 어떤 아이들은 수업 중에 잘 모르거나 이해가 안 되는 내용이 나오면 졸린 척을 하며 잠을 청하거나 아니면 우습지도 않은 농담을 풀어놓는다.

바보처럼 보이느니 차라리 개그맨처럼 보이거나, 아니면 관심 없는 척하는 것이다. 이러한 성향을 파악하지 못하면 이 아이들과 싸움을 하게 되거나 아이들의 가슴에 상처가 되는 말을 내뱉게 된다.

어떤 사람들은 아이들을 비장애학생들과 똑같이 대해야 한다고 말한다. 특수한 교육방법을 사용하여 가르치는 것이 오히려 아이들을 나약하게 만들고 아이들의 미래에 딱지를 붙이는 것이라고 비난하기도 한다. 나도 처음에는 그러한 생각이 조금 있었다. '한국의 교실에서처럼 엄격하게 훈육을 하고 엉덩이가 무르도록 앉혀서 반복에 또 반복 교육을 시키면 될 것을……. 뭐, 이렇게 장황한 교육방법과 법령으로 이들을 구별해서 가르치는가.' 하는 생각도 없지 않았다.

그러나 막상 현장에서 가르쳐 보니 '역시 전문가들의 말이 옳았구나.' 하며 무릎을 치게 되었다. 나의 제자들이 그동안 집에서나 일반학급에서 내가 과거에 가졌던 생각을 품은 사람들에게 얼마나 많은 구박과 비난을 받았을까 생각해 보니 그들이 가지고 있는 두려움과 분노가 어디서부터 왔을까 조금씩 짐작이 된다. '엄마, 아빠, 선생님, 제가 게으르기만 한 것이 아니에요. 저도 잘하고 싶어요. 저도 똑똑하게 보이고 싶다고요!'라고 외치고 있는 그들 마음속 외침이 들리기 시작했다.

일반적인 방법으로 효과를 보았다면 '특수교육 선생님'이라는 직업이 왜 존재하겠느냐 말이다. 나는 어제 특별한 방법으로 아직 '위, 아래, 안, 밖, 앞, 뒤, 중간'을 알지 못하는 학생에게 '앞'이라는 개념을 가르쳤다. 일반 선생님은 알지 못하는 '트윽별한 바앙법'으로 말이다. 어제 그 학생이 이 개념을 터득했다고 생각했는데 내일 다시 확인해 봐야 한다. 3일 연속 가르친 개념이 머릿속에 유지되어야 비로소 학습이 되었다고 인정하는 것이다. 특수교육 선생님이 되기 전에는 수학의 어려운 방정식은 척척 풀면서도 수의 개념을 이해하기 위해서는 '앞', '뒤', '중간'의 개념을 먼저 가지고 있어야 한다는 수학교육의 기본 상식은 알지 못했다.

매일 나의 제자들을 위해 '특별한 교육법'을 배워 나갈 생각이다. 나에게 이 비법을 전수해 주는 사람은 바로 나의 말썽꾸러기 제자들이다. 하마터면 입에서 육두문자가 튀어나올 뻔한 아슬아슬한 순간들이 종종 있지만 그래도 그들은 나의 선생이다. 나는 그들에게 매일 배운다!

"빨리빨리, 서둘러" 대신에 "천천히, 차근차근"

… ADHD, 학습장애, 불안장애, 적대적 반항장애, 자폐스펙트럼장애를 지닌 우리의 귀염둥이들의 마음은 빨리빨리 왕창 해치우고 놀고 싶은데, 뇌와 몸은 잘 협조하지 않는 경향이 있다. '실수를 통해 배운다'는 고급진 전략도 거의 통하지 않는다. 실전에 임할 때는 온통 '빨리빨리, 왕창'에 사로잡혀 앞, 뒤, 옆도 보이지 않고 생각나지도 않기 때문이다.

… 우리의 귀염둥이들에게는 조금씩 야금야금 과제를 주어야 한다. 그리고 과제가 아주 양이 적고 쉬운 것처럼 과장 광고를 하는 것도 큰 효과를 발휘한다. 예를 들면, 수학 10문제가 있다면 2문제씩 가위로 잘라서 뭘 먼저 풀고 싶은지 고르게 한다. 나머지는 책상에서 치워서 마치 이 세상에는 수학 2문제밖에 없는 것처럼 착각에 빠진 채 수학 문제를 풀게 한다. 어깨를 으쓱거리며 2문제를 다 풀었으면 나머지 문제 조각들을 책상 위에 펼쳐 놓고 또 고르라고 한다. 이 과정을 반복하여 10문제를 다 풀거나 혹시라도 귀염둥이가 지루한 표정을 짓기 시작한다면 이제 그만 풀어도 되지만 4문제를 더 풀면 3분간 휴식을 취해도 좋다고 슬쩍 미끼를 던진다. 어른들의 생각으로는 '아니, 장난해? 3분이 뭐야? 이것도 상이라고 할 수 있나?'라고 할 수 있지만 막상 이렇게 제안해 보면 놀랍게도 이

미끼를 덥석 무는 학생들이 많다.

… 우리의 귀염둥이들을 지도할 때에는 학습하는 양보다는 학습을 하면서 성취감과 기쁨을 누리는 횟수를 늘리는 것이 중요하다. 또한 가만히 앉아서 공부하는 것이 또래 친구들보다 훨씬 힘들 수 있으므로 손으로 만지고 느끼며 학습할 수 있도록 유도하면 나중에 고학년이 되어서도 스스로 학습 내용과 방법을 자신에게 맞게 변형하고 조절하면서 공부해 나간다.

제2부

미국 특수교육의 특징

05
「FAPE」

2020년 가을, 미국에서는 코로나19가 한창 극성을 부리고 있었다. 가을에 새 학년 새 학기가 시작되는 미국에서는 언제 개학을 해야 할지, 개학을 온라인으로 할지 아니면 대면으로 할지 모두들 고심하고 있었다. 애리조나에서는 주지사가 온라인이든 오프라인이든 8월 17일까지 모든 학교는 개학을 하라고 발표하였다. 내가 속한 교육청에서도 고심하고 있었다. 미국에서는 교육청마다 자율권이 있어 어떤 방식으로 학기를 운영할지를 각자의 형편에 맞게 결정한다. 내가 속한 교육청에서는 학생들에게 두 가지 선택권을 주었다.

하나는, 독립적인 온라인 학교를 세워 전적으로 온라인 수업을 원하는 학생들은 기존의 학교에서 그 학교로 아예 전학을 가게 하였다. 또 다른 안으로는, 기존의 학교에 남아 있으면서 일단은 온라인 수업에 참여하고, 이후에 대면 수업이 시작되면 학교 캠퍼스로 돌아와서 대면 수업을 하는 형태였다. 그런데 기존의 학교에 남아 있으면서 온라인 수업에 참여하는 학생들은, 학교가 대면 수업으로 돌아오더라도 그대로 온라인 수업에 남아 있을 수 있었다. 왜냐하면 선생님들은 2021년 가을부터 2022년 여름까지 대면 수업을 온라인으로도 중계하여 온라인과 오프라인 수업을 동시에 진행하였기 때문이다.

선생님들은 모두 힘들어하였다. 왜냐하면 그냥 일반적인 수업을 진행하는 것도 힘이 드는데, 대면 수업을 하면서 동시에 Zoom이나 Google Meet으로 수업을 중계하는 것은 두세 배로 힘이 드는 일이었기 때문이다.

자녀를 학교에 등교시켜야 할지 아니면 지겹고도 힘든 온라인 수업을 신청해야 할지 모두가 고민이겠지만 장애인 자녀를 둔 어머니들의 고민은 한층 더 깊다. 특히 몸이 아파도 제대로 의사 표현을 하지 못하는 자녀를 집 밖으로 내놓는다는 것은 웬만한 강심장이 아니고서는 힘든 일이었다. 그러나 2020년 3월 이후부터 쭉 집에서 고독하게 단절된 생활에 지쳐 있고, 온라인으로는 도무지 효과가 없는 작업치료, 언어치료, 사회성 교육 등을 이번 학기, 즉 2020년 9월에도 또다시 온라인으로 수업을 받게 된다는 것은 큰 걱정거리임에는 틀림없다.

다행히 이러한 혼란 속에서도 미국에서는 「FAPE(Free and Appropriate Public Education)」라는 법을 근거로 장애학생들에게는 적절한 수업 환경을 부여해야 할 의무와 권리가 보장된다. 이 권리 때문에 학교가 문을 닫고, 전교생이 온라인 수업으로 전환한 상황에서도 장애학생들은 특수교육을 받을 수 있는 선택권이 보장된다. 「FAPE」는 말 그대로 장애가 있는 학령기 어린이들에게는 비장애 어린이들처럼 무상으로 적합한 공교육을 받을 수 있는 권리가 있다는 것이다. 이 권리는 미국 「장애인교육법(IDEA)」과 「재활법의 504조(Section 504 of the Rehabilitation Act)」에 의해 보장된다.

인터넷에 「FAPE」에 대해 간단명료하게 설명한 문서가 있어 소개한다.*

- Free(무상): 무상이란 정부가 장애학생의 교육에 필요한 비용을 지불한다는 것이다. 장애학생의 가족이 비용을 지불하지 않는다. 장애학생의 경제적 상황과 관련 없이 국가에서 무상으로 교육에 필요한 비용을 제공한다는 의미이다. 단, 일반 학생들도 자비로 교육비를 내는 방과 후 활동, 각종 운동부 활동비는 장애학생도 자비로 부담한다.

- Appropriate(적절한 교육 서비스): 적절한 교육 서비스란 특수교육 대상 학생의 경우, 학생의 필요에 따른 '개별화교육계획안'을 제공받는다는 것이다.

- Public(공적인): 공적인 교육이란 공교육 시스템 내에서 관리를 받는 권리를 말한다. 즉, 선생님, 행정가, 학부모 등으로 이루어진 개별화교육계획안 팀이 장애학생이

---

* 저자 주) https://assets.ctfassets.net/p0qf7j048i0q/3SxlMzMGCZDKd7RvcGwi91/21678
  677a199e994f53be0cbf84ed54a/Free_and_Appropriate_Public_Education__FAPE__
  Understood.pdf

어떤 특수교육 프로그램을 받을지를 결정한다는 것이다. 만약 개별화교육계획안 팀이 장애학생의 교육적 필요가 해당 공교육 시스템 내에서 충족되지 못한다고 판단할 경우, 사립학교의 교육비를 정부에서 제공하기도 한다.

• Education(교육): 특수교육 및 관련 서비스를 의미한다. 즉, 언어치료, 상담, 교통 서비스 등을 포함한다. 특수교육의 목적은 장애학생이 학교에서 향상을 이루고, 미래의 삶을 잘 준비하는 것에 있다.

「FAPE」의 원리에 따라 학교에서는 학생들 개개인의 필요에 맞게 일반 교육과정에 참여할 수 있는 환경과 도움을 무상으로 제공해 주고 있다. 예를 들면, 특정학습장애로 난독증이 있는 학생들에게는 책을 잘 읽고 이해할 수 있도록 개별 읽기 지도, 즉 특수교육을 학교에서 무상으로 제공해 주어야 한다. 청각장애 또는 시각장애가 있는 학생들을 위해서는 정규 교육과정을 최대한 따라갈 수 있도록 각종 교육기자재를 무상으로 학교에서 제공한다. ADHD나 자폐스펙트럼장애로 감각이 예민하거나 집중력이 떨어지는 학생들을 위해서는 의무적으로 교실 앞자리에 학생의 좌석 배치하기, 감각이 과잉되었을 때에는 조용한 장소로 이동하여 휴식을 취하기, 시험 시간을 연장하여 주기 등의 조치를 학부모와 의논하여 취할 수 있다. 이러한 조치나 교육적 제공은 배려 또는 돌봄이 아니라 당연한 권리로 인정된다.

「FAPE」 덕분에 특수교육 선생님들은 코로나19가 횡행하였던 상황 속에서도 몹시 바빴다. 왜냐하면 이 난리 통에도 선생님들에게는 학생들에게 '적절한 교육 서비스'를 제공할 의무가 있기 때문이다. 만일 온라인 수업이 장애학생들에게 적절한 서비스를 제공하지 못한다고 한다면, 특수교육 선생님들에게는 마땅히 장애학생들의 필요를 충족시키기 위해 노력해야 할 의무가 법적으로 있다. 법적으로 의무가 있다는 말은 '만약 선생님이 노력하지 않는다면 처벌을 당할 수도 있다'는 것이다. 그래서 교육청의 여러 선생님이 머리를 맞댄 끝에, 특수교육을 받고 있는 학생들 중 온라인 수업으로는 도저히 교육이 힘들겠다고 판단되는 학생들에게는 학교에 와서 수업을 받으라고 연락하기로 했다. 물론, 온라인 수업 중에도 특수교육 선생님들은 학교에 출근하여 등교하는 학생들을 맞이했다. 이러한 결정은 교육청마다 다를 수도 있고, 또 언제 바뀔지 알 수 없지만 말이다. 다른 교육청에서는 '적절한 교육 서비스'를 제공하기 위해 또 다른 비책을 제시하고 있을지도 모르겠다.

아무튼, 「FAPE」 덕분에 미국의 특수교육을 받는 학생들은 항상 고려의 대상이 된다. 각종 언론 매체나 정치인들도 학교 문을 여느니 마느니 의견을 낼 때도 특수교육을 받는 학생들이 온라인으로는 교육을 충분히 받지 못하느니 마느니 언급하는 이유도 바로 이 「FAPE」 때문인 것 같다.

우리나라에는 「장애인 등에 대한 특수교육법」이 있다

… 이 법령에는 다음과 같은 내용이 제시되어 있다.

- 특수교육 대상자가 일반학교에서 장애 유형·장애 정도에 따른 차별 없는 상태에서 또래와 함께 개개인의 교육적 요구에 적합한 교육(통합교육)을 받기 위해서는 특수교육대상자를 배치받은 일반학교의 장은 교육과정의 조정, 보조인력의 지원, 학습보조기기의 지원, 교원연수 등을 포함한 통합교육계획을 수립·시행하여야 한다(제21조).
- 개별화교육은 각급 학교의 장이 특수교육 대상자 개인의 능력을 계발하기 위하여 장애 유형 및 장애 특성에 적합한 교육목표·교육방법·교육내용·특수교육 관련 서비스 등이 포함된 계획을 수립하여 실시하는 교육으로, 각급 학교의 장은 특수교육 대상자의 교육적 요구에 적합한 개별화교육을 제공하기 위하여 보호자, 특수교육 교원, 일반교육 교원, 진로 및 직업교육 담당 교원, 특수교육 관련 서비스 담당 인력 등으로 개별화교육지원팀을 구성하며, 개별화교육지원팀은 매 학기마다 특수교육 대

상자에 대한 개별화교육계획을 작성하도록 한다(제22조).

• 특수교육 대상자의 배치를 요구받은 교육감 또는 국립학교의 장은 대통령령으로 정하는 특별한 사유가 없는 한 이에 응하여야 하며, 장애를 이유로 특수교육 대상자의 입학을 거부하거나 입학전형 합격자의 입학을 거부하는 등 차별을 행하였을 경우에는 교육기관의 장에게 300만 원 이하의 벌금에 처하도록 하고 있다(제38조).

[출처: 「장애인 등에 대한 특수교육법」]

06
일등을 만드는 교육 vs
꼴등을 없애는 교육

대한민국에서는 아기들도 바쁘다. 이것저것 배워야 할 것이 많기 때문이다. 젊은 엄마들은 아기가 빨리 자라서 초등학교에 들어갔으면 좋겠다고 말하기도 한다. 아기에게 오만 가지를 가르치느라 돈이 많이 드는데 초등학교에 입학하면 오히려 학원비나 교재비가 덜 들기 때문이란다.

그렇다면 대한민국에 사는 중산층에서 태어난 아기들은 무엇을 배우는가? 먼저, 동네 놀이방이나 유아원에 다녀야 한다. 언어에 영재성을 풍긴다면 영어 유치원도 생각해 볼 수 있다. 아기들은 이러한 곳에 가서 친구도 사귀고 단체 생활의 맛을 어렸을 때부터 익힌다. 아기가 놀이방에 있는 동안 엄마들은 브런치 카페에 모여 서로 정보도 교환하고, 육아의 고통을 잠시나마 잊기도 하고, 앞으로의 긴 학교생활 여정을 함께할 동지들도 만든다. 걸음마를 하면서 기저귀를 뗄 쯤이 되면 한글도 배우고, 아기 스포츠단에서 수영도 익힌다. 그 사이사이에 유아 학습지, 가베, 몬테소리, 짐보리, 미술, 영어 등 '놀이'의 탈을 쓴 여러 가지 학습활동을 함께 곁들인다. 젊은 엄마들은 일찍이 독서의 중요성을 깨달아 거실 한쪽 벽면을 온통 책장으로 꾸며 놓고 유아용 전집을 구비한 후 TV 대신 책을 읽게 한다. 대신 엄마와 아빠는 컴퓨터 모니터와 휴대전화로 예전과 다름없이 보고 싶은 프로그램은 모두 시청한다. 만일 경제적으로 여유가 없거나 뭔가 좀 더 새롭고 창의적으로 접근해 보고 싶다는 열성 엄마들은 '엄마표' 교육을 실시한다. 그리하여 엄마표 영어, 엄마표 수학, 엄마표 음악 등이 탄생하게 된다.

이렇게 조기교육을 열심히 하는 이유는 무엇일까? 한창 뇌가 왕성하게 세포 분열을 하는 시기에 다양한 경험을 하게 함으로써 재능을 빨리 발견하여 남보다 서둘러 재능을 계발하고 앞서 나가기 위해서란다. 가끔 TV를 보면 어린 나이에 영어를 엄청나게 잘하는 꼬마들이 나온다. 그들을 보면서 저렇게 영어를 잘하면 무엇이 좋을까 생각한다. 초등학교에 가서 토플을 만점 받을 것인가? 초등학교 때 토플을 만점 받으면 그 성적만으로 좋은 대학에 가게 되는 것일까? 설사 초등학교에 다닐 나이 또는 중학교에 다닐 때에 남보다 빨리 좋은 대학에 진학하여 졸업하게 되면 좋은 직장에 취직하게 되는 것인가?

내가 조기교육에 관심을 갖게 된 이유는 특수교육 선생님으로 일하기 시작한 첫 장소가 통합교육을 실시하는 유아원, 즉 프리스쿨(preschool)이었기 때문이다. 내가 반년 동안 일했던 프리스쿨 학급은 3세에서 5세까지의 장애유아와 비장애유아가 함께 다니는 학급이었고, 공립 초등학교에 병설로 설립된 곳이었다. 장애유아들은 교육비가 무료이고, 비장애유아들은 상당한 학비를 내고 다녔다. 이런 류의 프리스쿨을 통합학급(Inclusion Preschool)이라고 부른다. 처음에는 과연 장애학생, 비장애학생이 반반인 유아원에 일반 학생들이 학비를 내면서까지 올까 하는 의구심을 가졌다. 그러나 교육현장에서는 이러한 생각을 품는 그 자체가 이상한 일처럼 여겨지는 분위기이다. 통합교육을 실시하는 유아원은 인기리에 운영되고 있다. 그 이유는 대부분의 담임 선생님이 교사 자격증을 소지하고 종종 석사 학위 또는 특수교육 선생님 및 일반 선생님 자격증을 이중으로 소지한 경우가 많기 때문이다. 또한 교육과정을 교육청에서 관리하므로 교육의 질이 높다고 학부모들 사이에서 입소문이 나 있는 경우가 많다.

미국 공립 초등학교의 학급 구성이나 인력 배치를 보면 '낙오자'를 없애는 데 많은 노력을 기울이고 있음을 알 수 있다. 우선 각 학교마다 영재반(Gifted Class)은 선택 사항으로 운영되는데, 특수교육 대상 학생 및 학습부진아 지도 학급은 필수로 있다. 선생님들이 맹비난을 하고 있는 교육개혁 법안의 이름이 「낙오학생방지법(No Child Left Behind Act)」인 것은 신기하기만 하다. 이는 낙오 학생들에게만 국한되어 있는 법안이 아니라 미국 교육의 전반적인 체계와 방향을 결정한 중요한 법안이다. 법안의 이름이 말해 주듯이 어떻게 하면 학력이 부족하여 낙오되는 학생들을 줄일 수 있을 것인가를 고민한 흔적이 이 법령을 근간으로 한 여러 가지 제도를 통해 나타난다.

미국 학교에서 이루어지는 ESL 교육도 따지고 보면 영어 실력이 부족해서 낙오되는 학생들이 없게 프로그램을 제공하는 것이다. 이 역시 낙오자를 방지하기 위한 교육이라고 보면 된다. 특수교육도 그러하다. 한 명의 학생도 낙오시키지 않기 위해 학교 심리검사 선생님, 언어재활사, 작업치료사, 문제행동 전문가, 특수교육 선생님, 담임 선생님, 교육행정가가 달라붙어 교육계획을 짜고 그것을 현장에서 실행한다.

미국에서의 조기교육은 물론 한국처럼 각종 예체능, 언어교육 등 앞서가기 위한 교육도 있겠지만, 공교육에서 실시하고 있는 조기교육은 대체로 발달이 늦어지거나 장애가 있는 아동을 빨리 발견하여 어렸을 때 최대한 많은 치료와 훈련을 통해 비장애아동과의 격차를 줄이는 데 초점이 맞추어져 있다. 물론 주마다 다를 수는 있겠지만 현재까지 현장에서 느끼는 분위기는 그렇다.

과연 일등을 만드는 교육과 꼴등을 없애는 교육 중 어떤 것이 모두에게 더 도움이 되는 것일까? 예전에는 한 명의 천재가 수천수만 명의 사람을 먹여 살릴 수 있다고 생각했었다. 그런데 지금은 생각이 바뀌었다. 낙오자 한 명을 끌어안고 살리는 것이 그의 가족들과 이웃들과 더 나아가 지역사회를 살리는 것이라고 말이다. 더군다나 천재는 태어나는 것이지 만들어지는 것이 아니다. 아무리 조기교육을 해도 천재는 되지 않는다고 생각한다. 그런데 낙오자를 보통 사람으로 끌어올리면 끌어올린 사람들도 끌어올려진 낙오자도 모두 영재성을 발휘하게 된다. 이것이 나의 생각이다!

연령별 언어발달을 체크해 보는 것이 중요하다

… 미국의 학부모들도 조기교육을 한다. 동네 도서관의 스토리 타임에도 꼬박꼬박 데리고 가고, 수영, 체조, 음악, 발레 수업 등도 3세 정도부터 열성으로 데리고 간다. 그런데 한 가지 놀라운 것은, 내가 만난 미국의 어머니들이 아이들의 언어발달이나 신체발달 지표에 대한 지식을 가지고 있었다는 것이다. 즉, 6개월에는 무엇을 하고, 12개월에는 어떤 발육이 나타나며, 36개월에는 몇 개 정도의 단어를 쓰는지 등을 상식처럼 알고 있는 어머니들이 많이 있었다. 보건소나 소아과 등에 가면 아이들의 정상발달 단계 및 언어발달이 적힌 안내 전단지가 많이 비치되어 있다. 그래서인지 어머니들은 자녀에게 미성숙한 부분을 일찍 발견하여 언어치료나 특수교육을 만 2세에서 3세 정도부터 시작하는 경우를 심심치 않게 발견한다. 다음의 내용을 참고하기 바란다. 이 내용은 CAL State University 홈페이지에서 발췌한 것이다. (https://www.calstatela.edu/academic/ccoe/programs/cats-korean/%EC%97%B0%EB%A0%B9%EB%B3%84-%EC%96%B8%EC%96%B4%EB%B0%9C%EB%8B%AC%EC%9D%98-%EB%8B%A8%EA%B3%84)

0세	• 혼자 옹알거린다. • 우는 소리와 울지 않는 소리를 낸다. • 말하는 사람 쪽으로 고개를 돌리고 쳐다본다.
1세	• 몇 단어 정도를 사용한다. • 간단한 두 가지 지시를 따를 수 있다. • 남의 말을 흉내 내려고 한다. • 자신의 욕구를 말로 표현하려고 한다.
2세	• 잘못 발성된 소리를 고쳐 주면 따라 한다. • 상황에 따라 음성 크기 및 음색 강약을 조절할 수 있다. • 부정어와 긍정어를 구분한다. • 소유어(나의 것, 너의 것)를 안다.
3세	• 과거를 나타내는 시제를 사용한다. • 주어-목적어-동사가 나타나는 문장을 사용한다. • 관계어(형, 동생, 남자, 여자)를 안다. • 전화를 받을 수 있다. • 가족의 이름을 안다. • 간단한 메시지를 전달할 수 있다. • 의문이 생기면 즉시 물어본다. • 다른 사람의 대화에 관심을 갖고 참여하려 한다.
4세	• 단모음과 이중모음의 발음, 단자음과 이중자음의 발음을 구별한다. • 접속 문장이 나타난다. • 수동문, 복문의 형태가 나타난다. • 전화를 받고 묻는 말에 답을 한다. • 자신의 기분, 느낌, 감정을 말로 표현한다. • 아는 글자를 쓰려고 한다.
5세	• 어른과 대등한 발음의 정확도를 보인다. • 전화를 직접 걸어 대화한다. • 낯선 사람과도 대화한다. • 숫자와 글자를 쓸 수 있다.

07

특수교육에 관련된 오해

특수교육 선생님으로 일하다 보니, 이 분야에 대해 공부하고 일하면서 그 전에 가졌던 잘못된 선입관이나 루머들에 대해 조금씩 알게 되었다. 아직도 알아야 할 것들이 참 많지만, 가끔 미국의 특수교육 관련 한인 전용 인터넷 게시판이나 한국에 살고 있는 예전에 알던 학부모들과 대화를 하다 보면, 오해하거나 잘못 알고 있는 것들이 많이 있어서 내가 느끼고 아는 사항들에 대해 바로잡고자 한다.

아닙니다 1. '장애인'이라는 호칭보다 '장애우'가 더 친근하고 존중하는 호칭이다

나도 한때는 이러한 생각을 가지고 있었다. 그래서 '장애우 가족'이라는 표현을 즐겨 쓰고는 했다. 장애가 없는 사람이나 가족은 '일반인' 또는 '일반 가정'이라고 부르고는 했다. 그러나 몇 년 전에 장애인들 스스로가 본인들을 '장애우'가 아닌 '장애인'으로 불러 달라고 요청했다는 사실을 알게 되었다.

1981년 UN의 권고로 우리나라에 「심신장애자복지법」이 제정되었을 때에는 일본에서 사용하는 명칭인 '장애자'를 들여와서 장애인을 '장애자'라는 호칭으로 불렀다. 그러나 '장애자'의 '자'는 한자의 놈 자(者)를 사용하는 용어이므로 거부감을 불러일으킨다는 주장이 있어, 1987년 「장애인복지법」이 개정되며 사람 인(人)으로 바꾸어 '장애인'이라는 법적 용어로 바뀌었고 현재까지 '장애인'으로 호칭되고 있다. 한때 벗 우(友) 자를 사용하여 '장애우'로 부르기도 하였으나 장애인 당사자들의 요구와 장애인이 스스로를 '장애우'라고 부를 수 없는 한계 때문에 현재는 '장애인'을 정식 호칭으로 사용하고 있다. 따라서 장애인보다 장애우가 더 나은 표현이라는 생각은 접어야겠다. 덧붙이자면, 장애가 없는 사람이나 그 가족은 '비장애인'이라고 부른다. 정상인, 일반인이라는 호칭은 장애인은 정상이 아니다 또는 일반적이지 않다는 의미를 내포하게 되므로 장애가 없는 사람이나 그러한 가족은 아닐 비(非) 자를 써서 '비장애인'이라고 부른다.

미국에서는 장애로 한 사람을 전체적으로 규정짓는 것을 피하기 위해 장애를 사람 뒤에 붙여서 호칭한다. 예를 들면, 'special need student'가 아니라 'student with special need'로 말한다. 더 간접적인 표현으로 'student with IEP'라고 말하기도 한다. 자폐스펙트럼장애를 가진 학생은 'student with ASD'라고 호칭하는 식이다.

아닙니다 2. 미국의 특수교육 관련자들은
정부 보조금 때문에 학생 모집에 혈안이 되어 있다

자녀의 진단 결과나 IEP(Individualized Education Program), 즉 개별화교육계획안의 내용을 인정하지 못하는 부모님들 중에, 검사자나 특수교육 선생님들이 학생을 실제 상태보다 더 심하거나 악화된 상태로 진단을 내려 어떻게 해서든지 특수교육을 받게 하려 한다고 오해하는 경우가 있다. 그 근거로는 특수교육 학급에 학생이 전학 올 때마다 정부 보조금을 수령하게 되므로 학생 수가 많아야 학교에 국가 지원이 많아질 것이라는 추측 때문이다. 결국은 돈 때문에 학생들을 정확하게 진단하지 않는다는 것인데, 내가 관찰한 바로는 공립학교에서 그러한 경우는 없다.

특수학급에 학생 수가 늘면 당연히 정부 보조금이 늘게 될 것이다. 그러나 특수교육 선생님이나 그 밖의 사람들에게 돌아가는 인센티브나 혜택이 특별히 있는 것 같지는 않다. 오히려 특수교육 선생님이나 일반 선생님의 경우, 학생의 장애 정도에 따라 책임감과 업무량이 2배로 늘 수도 있고, 온갖 서류 업무가 폭증할 수도 있다. 그래서 경우에 따라서는 선생님들이 학생들이 그만 좀 전학 왔으면 하고 푸념을 하기도 하고, 교육청에서 새로운 학생이 전학 올 거라는 이메일을 받게 되면 교육청 담당자에게 전화를 해서 하소연하는 선생님들도 있다. 따라서 정부 보조금을 더 얻으려고 학생들을 부정확하게 진단하는 경우는 아주 극소수이거나 없다고 할 수 있다.

아닙니다 3. 언어치료나 놀이치료, 작업치료 등은
소그룹 수업보다 일대일 수업이 더 효과적이다

가끔 인터넷 게시판에서 장애인을 자녀로 둔 학부모들이 자녀의 언어치료나 작업치료 수업을 소그룹 활동에서 일대일로 바꾸고 싶다는 내용의 글들을 발견한다. 물론 장애의 정도나 특징에 따라 치료 방법이나 시간이 결정되며, 자녀의 상태에 대해 가장 잘 알고 있는 사람은 부모일 것이다. 그러나 학교에서 소그룹으로 수업방식을 정한 데에는 그 나름의 이유가 있다.

언어치료나 놀이치료 등은 사회성 발달이 중요한 영향을 미치며 또래 친구들의 언어와 행동을 모방하는 것이 중요하므로 그룹으로 수업을 하거나 아니면 치료사가 일반 수업 상황에 학생과 함께 들어가 학생 옆에서 상황에 맞는 적절한 언어 표현이나 행동 방식을 가르쳐 주는 식으로 수업 방향을 잡는 경우가 많다. 하지만 일대일 수업으로 진행하게 되면 또래 친구들을 보고 모방할 기회가 없고, 수업 내용도 제한 적이 되거나 일상생활에 당장 적용하기 어려운 것으로 국한될 수 있다. 그러므로 학생의 능력이나 필요에 따라 균형 있게 소그룹 수업이나 일대일 수업을 정하는 것이 효과적이다. 무조건 일대일 개인 교습이 효과적인 것은 아니다.

아닙니다 4. 일반학급에서 머무는 시간이 길수록
통합이 잘 이루어지며, 장애학생은 더 많은 것을 배울 것이다

공립학교 안에 있는 특수교육은 크게 두 가지 형태로 나눌 수 있다. 하나는, 학생의 장애가 심하지 않을 경우 일반학급에 소속되어 있으면서 하루 중 일부를 특수학급에 와서 수업을 받고 다시 일반학급에서 생활하는 경우이다. 다른 하나는, 아예 특수학급에 따로 소속되어 있으면서 음악, 미술, 체육 등 특별수업 시에 일반학급에 가서 비장애학생들과 함께 수업을 받는 경우이다. 후자의 경우, 많은 학부모가 자녀가 되도록이면 일반학급에 가서 비장애학생들과 자주 수업받기를 희망한다. 일반학급의 수업내용을 더 자주 접할수록 자녀가 좀 더 나아지지 않을까 하는 희망에서 일 것으로 짐작한다. 그런데 이런 경우, 학부모들이 놓치고 있는 것은 일반학급에 방문하는 시간이 많아지고 길어질수록, 특수학급에서 공부하고 배우는 시간이 줄어든다는 것이다. 장애학생의 경우, 한 가지 학습내용이나 기술을 익히는 데 많은 시간과 준비가 필요한데, 일반학급에 비중을 두고 시간을 맞추다 보면 자칫, 특수학급에서 일관성 있게 공부할 수 있는 기회와 시간을 놓치게 된다. 한 가지를 선택하면 다른 한 가지를 포기해야 한다는 것을 잊지 말자. 물리적으로 비장애학생들과 지내는 시간이 많다고 해서 더 효과적인 배움이 일어나는 것은 아니다!

아닙니다 5. 학부모 면담이나 개별화교육계획안 미팅 때,

좀 세게 나가야 나와 내 아이가 학교로부터 부당한 대우를 받지 않는다

개별화교육계획안 미팅 때 있었던 일이다. 학부모가 '아는 사람'이라며 변호사를 대동하고 나타났다. 학생이 전학 온 후, 아직 등교를 시작하지 않아 그 어머니와의 첫 만남이었는데 말이다. 미팅에 참석하였던 선생님들은 단번에 그 '아는 사람'이 변호사임을 알 수 있었다. 학교에서 프로그램을 시작하기 전이었으므로 특별한 문제나 갈등 상황이 없는데도 변호사를 대동한 것을 보니, 그 어머니는 이 미팅에서 최대한 손해를 보지 않고 자녀의 교육권리를 확보하려는 심보였나 보다. 어쩌면 첫 만남이라 불안하고 초조한 마음에서 변호사의 조언을 얻으려고 함께 왔을지도 모르겠다. 그러나 학교 측의 입장에서는 매우 조심스럽고 불안했다. 변호사 앞에서 조금이라도 트집을 잡히지 않기 위해 소극적으로 필요한 말만하고, 그 어머니에게 한 마디 한 마디를 할 때마다 이 말이 법에 저촉되는지 아닌지를 골똘히 생각하게 되었다. 대체로 학부모와의 첫 만남에서는 서로 부드럽게 인사말을 주고받고, 격려를 해 주고, 최대한 이러저러한 교육 프로그램을 제공하겠다는 말을 하여 부모님을 안심시키는데 비해, 변호사를 대동한 그 어머니 앞에서는 확실하지 않은 계획이나 말들은 절대 할 수 없으므로(나중에 말한 사항들을 지키지 못할 경우, 소송을 당할 수 있으므로) 머릿속에 떠오르는 온갖 창의적이고 재미있는 계획 등은 함부로 말할 수 없었다.

'교육'이라는 것 자체가 사람과 사람이 만나서 신뢰를 바탕으로 이루어지는 것이기 때문에 서로에게 '권리'와 '의무'

를 주장하기에 앞서 믿음과 사랑의 관계를 만들어 가는 것이 먼저라는 생각이 들었다. 선생님이 의무와 책임을 다하는 것이 선행되어야 하겠지만, 학부모들이 선생님의 이메일이나 물음에 책임감 있게 답장을 보내고, 때때로 선생님에게 격려와 도움을 주면서 좋은 관계를 만들어 나가는 것이 어쩌면 변호사를 옆에 두는 것보다 자녀에게 더 큰 도움이 된다는 생각이 든다. 선생님과 학부모가 서로를 '감시자'로 여기게 되면, 선생님은 학생에게 꼭 필요한 것만을 줄 뿐이지, 그 이상을 할 수 없다. 또한 학부모는 자녀의 진정한 학교생활에 대해 선생님과 공유할 수 없게 된다.

학교 측과 '신뢰'를 쌓아 가기 위해서는 자녀의 학교생활에 대해 궁금한 사항이나 걱정되는 상황이 생기면 묵혀 두지 말고 바로 특수교육 선생님에게 이메일을 보내 궁금하거나 걱정되는 것을 풀어야 한다. 미국의 경우, 대부분의 선생님은 학부모에게 이메일을 받았을 경우 24~48시간 내에 답장을 보내 주도록 되어 있다. 만약 답장이 없다면 또 한 번 이메일을 보내거나 전화를 걸고, 교장 선생님에게 이메일을 보낼 수 있다. 이때에는 '선생님에게 이메일을 먼저 보냈지만 답변이 없어서 교장 선생님에게 문의한다'는 것을 알리는 것이 좋다.

아닙니다 6. '장애 진단'을 받고 특수교육 프로그램을 받게 되면, 성장해서 큰 불이익을 받게 된다. 또는 특수교육은 무료라서 많이 받을수록 좋다

어떤 학부모들은 자녀가 '장애 진단'을 받고 학교에서 특수학급에 배치되면 나중에 큰 불이익을 받게 된다고 생각한다. 특히 자녀가 ADHD 또는 자폐스펙트럼장애와 같이 외모적으로는 전혀 장애를 알 수 없는 경우에 이런 생각을 가진 부모들이 있다. 그러나 학교에서 받게 되는 특수교육은 3년에 한 번씩 재검토를 하여 만약 학생이 교과 공부를 잘 따라가고 학교생활에 잘 적응해서 더 이상 특수교육이 필요하지 않다고 판단될 경우, 일반학급으로 갈 수 있다. 그러므로 장애 진단이 영원한 꼬리표처럼 따라다니는 것도 아니고, 장애로 인해 상급학교 진학이나 취업에 불이익을 당하는 것도 아니다. 오히려 여러 가지 상황에서 많은 배려와 혜택을 받게 된다.

그러나 이러한 혜택과 배려를 악용하는 학부모들도 가끔

있다. 자녀의 장애가 가벼워 일반학급에서 도움 없이도 충분히 학교생활을 할 수 있는데도 더 많은 특수교육 서비스와 치료를 요구하는 경우이다. 무엇이든 균형이 맞고 적당해야지, 넘치는 것은 오히려 독이 되는 법이다. 특수교육은 공짜로 먹는 떡이 아니다. 꼭 필요한 사람이 필요한 만큼 받아야 하는 '약'과 같은 것이다.

08
자립을 북돋는 말, 비계

특수교육 대학원 과정 막바지에, 나를 한참이나 애먹이던 영어 단어가 있었다. 특수교육과 영어교육 관련 논문을 읽다 보면 많이 나오는 단어인데, 한국말로 그 뜻을 찾아보니 도무지 앞뒤가 맞지 않고 생뚱맞아 무슨 말인가 하고 나를 헤매게 만들었던 단어이다. 바로 'scaffold'란 말이다. 사전을 찾아보니 '비계(飛階)'라고 뜻풀이가 되어 있다. '고기에 붙어 있는 기름덩이란 말인가? 아니, 교육 관련 논문에 웬 비계?' 하고 고개를 갸우뚱했다. 자세히 읽어 보니 비계란 건물을 지을 때 건물 둘레에 얼기설기 엮어 놓아 일하는 사람들이 이동통로로 사용하게 하는 임시 설치물을 일컫는 말이었다. 그런데 왜 건축학 용어가 특수교육 논문에 나온다는 말인가?

교육현장에서 일하는 지금에서야 'scaffold(비계)'의 참 의미를 이해하게 되었다. 이 단어를 영어로도 우리말 해석으로도 이해하지 못했던 것은 한국의 교육현장에서는 이 개념을 보거나 듣지 못했기 때문이다. 공사 현장을 가 보면 인부들이 비계를 통해 건축 자재를 실어 나르기도 하고, 또 비계 덕분에 높은 곳에서 일하는 인부들이 안전하고 편리하게 일한다. 중요한 점은 비계는 건물이 완성된 다음에는 철거된다는 것이다. 즉, 비계는 어디까지나 임시적으로 건물을 완성하는 데 도움을 주기 위해 존재하는 것이다.

교육현장에서 이 개념은 선생님이나 부모가 학생이 어떤 과제를 잘할 수 있도록 처음에는 여러모로 도움을 주고 가르침을 주지만 점차적으로 학생이 스스로 과제를 해 나가도록 점점 도움을 줄여 나가서 마침내는 학생이 독립적으로 설 수 있게 한다는 뜻으로 사용하고 있다. 즉, 도움을 일시적으로 주고 시간이 지날수록 학생 스스로 할 수 있게 유도

하는 데 이 단어의 핵심이 있다고 하겠다.

'scaffold'는 미국의 교실 여기저기서 이루어지고 있다. 유치원 교실에서는 한국인의 눈으로 보기에는 선생님이 지나칠 정도로 엄격하게 규칙을 지키는 것, 조용히 하는 것, 선생님의 말씀을 듣는 것을 강조하고 습관이 몸에 배도록 지도하지만, 고등학교 교실에서는 자기관리나 학생지도를 거의 하지 않는 것처럼 보인다. 미국의 고등학생들이 작은 어른같이 느껴지는 것도 이 때문인 것 같다. 공부도 마찬가지이다. 초등학교 때에는 공부가 뒤처지는 학생들을 찾아내어 학교에서 이 방법, 저 방법으로 여러 선생님이 달라붙어 공부를 도와주고 애를 쓰지만 고등학생 정도가 되면 스스로 도움을 구하지 않는 한, 이러쿵저러쿵 도움을 주거나 조언을 하지는 않는다.

미국의 특수교육에는 이 개념이 아주 강하게 적용되고 있다. 장애학생이라도 스스로 과제를 하도록 하고, 비록 그 수준이 어설프더라도 이끌고 유도한다. 학생에게 어떤 도움을 줄 때, 궁극적으로는 선생님의 도움이나 지도 없이도 장애학생들이 스스로 독립적으로 할 수 있는 결과를 염두에 두고 수업을 지도한다. 그래서인지 성년이 된 장애인들이 독립적으로 생활하거나 결혼을 해서 가정을 이루는 경우도 심심치 않게 본다. 지난주에는 함께 일하는 선생님으로부터 부모도 모두 자폐스펙트럼장애를 지닌 학생이 작년에 이 학교를 졸업했다는 이야기를 들었다.

교육의 궁극적인 목적은 학생들이 '건강한 홀로서기'를 할 수 있게 하는 것이다. 그런 면에서 'scaffold'라는 단어는 참으로 적절한 표현이다. 미국에서는 과외도 한국처럼 한도 끝도 없이 몇 년씩 계속하는 것이 아니라 한 번 시작해서 8회 정도 하고, 더 필요하면 연장해서 하는 식으로 계약하는 것을 보았다. 처음에는 '애걔, 8번 과외 수업을 받아서 얼마큼 달라지겠어?' 하고 생각했는데, 곰곰이 생각해 보니 과외라는 것은 어디까지나 홀로 공부를 잘할 수 있게 도와주는 것이 목표여야 한다는 것을 깨달았다.

한국에서 학생들을 가르칠 때의 일이다. 초등학교 2학년 교실에서였다. 국어 수업 시간에 "만약에~"라는 질문을 던져 학생들의 답을 듣는 시간이 있었다. 방과 후에 이 학원에서 저 학원으로 순례의 길을 걷는 꼬마들의 스트레스도 해

소시킬 겸해서 "만약에 이 세상에서 학원이 없어지면 어떻게 될까?"라는 질문을 던졌다. 놀랍게도 대다수의 답은 "아무것도 배울 수 없을 거예요."였다. 그래서인지 대학을 졸업해도 공무원 시험 준비 학원, 영어 학원, 자격증 준비 학원 등 한국에서는 어른들도 학원을 많이 다닌다. 몇 년 전에는 길을 걷다가 '왕따 탈출, 태권도, 특공무술 학원'이라는 간판을 보기도 했다. 그때 들었던 생각은 '아, 왕따를 탈출하려면 학원을 다녀야 하는구나!'였다.

공부의 홀로서기가 잘 안 되는 것인가? 'scaffold'를 한국에 데려가고 싶다. 선생님들이 무엇인가를 자꾸 더 많이 가르치려고 하고, 집중적으로 교육하는 학교를 자꾸 더 많이 세우려고 하기보다는 학생들이 어설프더라도 '스스로 설 수 있도록', '스스로 배울 수 있도록' 고민해 보는 것은 어떨까?

자립의 첫걸음, '선택'을 연습하기

…"스팬서, 이 세 개의 학습지 중에 어느 것을 먼저 할래?"

특수교육 선생님이 중증의 자폐스펙트럼장애가 있는 스팬서의 책상 위에 세 가지 종류의 학습지를 놓고는 물었다. 스팬서는 한참 학습지를 응시하더니 손으로 가운데에 놓인 학습지를 만지작거렸다.

"그래. 이것을 먼저 하고, 그다음에 또 골라 보자."

선생님은 스팬서가 선택한 학습지를 남겨 놓고, 나머지 두 가지는 옆으로 치워 놓았다. 스팬서는 열심히 학습지를 풀었다. 이윽고, 나머지 두 가지의 학습지를 놓고 똑같은 선택의 과정이 반복되었다.

이 모습은 미국의 특수학급에서 아니 보편적인 일반 교육환경에서 볼 수 있는 모습이다. 선택할 수 있는 능력은 언뜻 보기에 누구에게나 있고, 누구나 할 수 있는 것처럼 보이지만 이것도 연습을 통해 길러지는 능력이다. 어렸을 때부터 선택하는 기회를 많이 가진 사람들은 자기가 무엇을 좋아하는지, 어떤 가능성이 열려 있는지 등을 자동적으로 생각하게 된다. 선택하는 기회를 늘리는 방법으로는 다음과 같은 것이 있다.

• 급식을 할 때 본인이 먹고 싶은 반찬을 선택할 수 있는

권리를 준다. 편식이 걱정된다면 싫어하는 반찬은 최소한의 양만 먹을 수 있게 타협한다. 이 과정을 통해서도 협상과 타협의 능력이 길러지고, 대화를 통해 본인의 의견을 관철시킬 수 있다는 경험을 하게 한다.

• 숙제나 과제를 할 순서를 본인이 정할 수 있게 한다.

• 단체 기합이나 다른 사람의 잘못으로 인해 그룹 전체를 벌주는 등의 훈육은 하지 말아야 한다.

• 외식을 할 때, 영화를 볼 때, 가끔은 아이들이 바보 같은 결정을 하더라도 안전이나 건강에 해가 되지 않는 선에서 아이들의 결정을 들어준다. 아이들이 작은 실패들을 통해 실패를 극복할 수 있는 자세를 배우게 한다.

• 자기가 입고 싶은 옷을 입게 한다. 날씨에 지나치게 어긋나지 않는 선에서 말이다. 미국 학교에 가면 한겨울에 여름 옷을 잠바 속에 입고 오거나 겨울 잠바에 슬리퍼를 신고 학교에 오는 학생이 있다. 저학년에서 가끔 볼 수 있다. 처음에는 부모가 방임하는 것이 아닌가 의심도 했지만 그 아이들의 동생이나 형은 멀쩡하게 옷을 입고 오는 것을 보고 알게 되었다. 부모가 아이의 선택을 존중해 주었다는 것을. 어찌 보면 바보 같다고 할 수 있겠지만, 부모는 하루 종일 여름 옷을 잠바 속에 입고 온 것이 부끄러워 잠바를 교실에서도 입고 있거나 아니면 발이 시려

동동 구르는 아픔을 경험하는 것을 허용하는 것이다. 이 과정을 통해 어떤 선택을 해야 하는지 아이들이 삶으로 배우기를 희망하면서 말이다.

제3부

팀으로 일하는 특수교육

- 모든 것을 함께 결정하기

09
자료실 선생님? 특수교육 선생님!

미국에서 특수교육 공부를 막 시작하면서의 일이다. 내가
다니던 초등학교 홈페이지를 들여다보며, 특수학급이 몇 반
이나 되는지 찾아보았다. 그 당시에는 특수교육이 영어로는
Special Education이니까 특수학급은 아마 Special Class이겠
지 하는 단순한 생각을 하며 홈페이지에서 찾아보았다. 그
런데 Special area classes라고 쓴 곳에는 음악, 미술, 체육,
도서관 선생님들의 명단이 있었고, 눈을 씻고 찾아보아도
Special Education Class라는 명칭은 보이지 않았다. 나중에
알고 보니, 미국에서는 특수교육 프로그램이 여러 단계로

다양하게 진행되고 있고, 명칭도 역사적으로 바뀌어 왔던 것이었다.

현재 미국에 있는 특수교육의 형태를 보면 대체로 6가지 정도로 나누어 볼 수 있다. 구분하는 기준은 일반학생들과 함께 공부하거나 생활하는 시간과 정도이다. 교육 정책가들이나 많은 학부모는 장애학생과 일반학생들이 함께 공부하는 시간과 비중, 즉 통합의 양을 늘리는 것을 매우 중요하게 생각한다.

첫째, 일반학교에서의 일반학급의 형태이다. 즉, 장애학생이 일반학급에서 학교생활의 80% 이상을 지내는 것을 말한다. 특수교육 선생님은 필요한 때에만 학생들을 자신의 교실(지원실이라고 부르자!)로 데리고 와서 상담을 하거나 30분에서 60분 정도의 특수교육을 하거나, 아니면 일반학급에 직접 가서 장애학생의 수업 참여를 돕는다. 그러니까 학교생활의 80% 이상을 일반학급에서 지내는 형태이다.

둘째, 첫 번째와 형태는 같으나 좀 더 많은 시간을 지원실에서 보내는 형태이다. 학교생활의 40~79% 이상을 일반학급에서 지내는 것이다. 이때 특수교육 선생님이 상주하며 특수교육을 실시하는 교실을 Resource Classroom(지원실)이라고 부르고, 지원실에서 장애학생을 지도하는 특수교육 선생님을 Resource Teacher라고 부르는 것이었다. 그러니까 Resource Teacher는 자료실 선생님이 아니라 특수교육 선생님을 부르는 명칭이다.

셋째, 일반학교에 있는 특수학급의 형태이다. 첫 번째와 두 번째 형태의 특수교육 프로그램은 주된 생활 공간이 일반학급이고 부분적으로 특수교육을 받는 것이라고 한다면, 세 번째 형태의 특수학급은 장애를 지닌 학생들로 아예 한 학급을 만들어 특수교육 선생님이 담임 선생님이 되어 함께 생활하고, 음악, 미술, 체육 등의 특별수업 시간에만 일반학급에 가서 수업을 받게 되는 것이다. 즉, 학교생활 중 일반학생들과 함께 공부하는 비율이 40% 이하이다. 세 번째 형태의 학급을 미국에서는 Self-Contained Class라고 부른다. 여기까지를 mainstreaming, 즉 주류화 교육 형태라고 부른다. 미국에서는 통합을 강조하므로 일반 공립학교에 지원실과 특수학급이 함께 존재하는 경우가 대부분이다.

교육청마다 기준을 가지고 학급을 편성한다. 일반적으로

살고 있는 지역의 학교에 진학하는 것이 원칙이지만 어떤 교육청에서는 장애별로 특수학급을 편성하여 어느 학교에는 자폐스펙트럼장애 학생들을, 그 옆의 학교에는 다운증후군이나 발달지체, 또 다른 학교에는 적대적 반항장애나 행동장애 학생들을 배치하기도 한다. 내가 속한 교육청의 경우, 장애 유형별로 학생별 필요를 위주로, 예를 들면 감각통합치료가 필요한 학생들을 한 학급으로, 행동수정이 필요한 학생들을 또 한 학급으로, 중증 신체장애가 있는 학생들을 한 그룹으로 엮어 학급을 편성하고 있다.

넷째, 독립된 특수학교이다. 장애학생들만을 위해 설립된 학교에서 교육을 받는 형태이다. 이런 학교를 Day School이라고 부르기도 한다. 원래 Day School이란 낮에는 공부하고 밤에는 집에 간다는 의미에서 붙여진 이름인데, 기숙학교가 아니라는 의미이다. 애리조나주에는 자폐스펙트럼장애, 시각장애, 청각장애, 정서장애를 지닌 학생들을 위한 특수학교들이 있다.

다섯째, 기숙형 특수학교이다. 즉, 24시간 교육 서비스를 제공받는 학교이다.

여섯째, 집이나 병원에서 순회 선생님을 통해 특수교육 프로그램을 제공받는 것이다.

장애를 지닌 학생이 어떤 환경에서 어떤 형태의 교육기관에 진학할 것인가는 전적으로 IEP, 즉 개별화교육계획안에 적힌 교육목표에 따라 결정된다. "우리 아이는 꼭 일반학급에서 일반학생들과 교육을 받아야 해!"라고 정하고 입학하는 것이 아니라 아이의 교육적 필요가 무엇인가를 먼저 파악하고 그 필요에 맞게 알맞은 형태의 교육기관으로 배치하게 된다는 의미이다.

미국의 「장애인교육법」이나 각종 제도는 통합을 유도하고 있다. 특수교육에 있어서 집문서 또는 고용 계약서와도 같은 IEP, 즉 개별화교육계획안을 작성할 때 반드시 "왜 이 학생은 비장애학생들과 함께 교육시킬 수 없는가?"라는 항목에 합당한 이유를 명시하도록 되어 있고, "또래 학생들과 분리하여 특수교육을 받을 경우 이 학생에게 미칠 해악은 무엇인가?"라는 항목에도 합당한 이유를 명시하도록 하고 있다.

이제 이 글을 읽은 독자들은 알 것이다. 미국에서는 특수학급을 Special Class가 아니고 Self-Contained Class 또는 Resource Class라고 하며, 특수학교를 Day School이라고 부르기도 한다는 것을. 그리고 장애학생이 어떤 형태의 교육 환경에서 교육을 받을 것인가는 부모나 학생의 선호도에 따라 결정되는 것이 아니라 IEP 미팅을 통해 학생의 필요에 따라 결정된다는 것을 말이다.

… 미국에서는 특수교육을 받는 학생들의 부모는 일 년에 한 번씩 개별화교육계획안 미팅에 참석한다. 이 미팅은 특수교육의 핵심이자 꽃이라고 할 수 있다. 모든 중요한 사항이 꼼꼼하게 개별화교육계획안이라는 문서에 기록되고 포함되기에 나중에 학부모와 학교 또는 선생님 간에 분쟁이 생겼을 때 기본적으로 들여다보게 되는 문서가 바로 개별화교육계획안이다. 일 년에 한 번씩 있는 이 미팅은 개별화교육계획안에 있는 사항들을 검토하고 최종적으로 합의하는 자리인 것이다. 여기에서 학부모의 의견은 절대적으로 중요하다.

… 내가 한국에서 통합학급의 담임 선생님으로 있었을 때, 당시에는 일반 선생님이었다. 한 학기에 한 번씩 개별화교육계획안 미팅을 했던 기억이 난다. 당시에는 특수교육 선생님, 담임 선생님 그리고 학부모 이렇게 셋이서 미팅을 가졌다. 미국에서는 이 미팅에 반드시 교장 선생님이나 교감 선생님 또는 장학사 등의 행정가가 참석하여 합의한 내용을 검증하고 조정하도록 되어 있다. 한국에서도 이러한 조치가 필요하다는 생각이 든다. 이렇게 함으로써 특수교육이 단지 특수교육 선생님과 담임 선생님 그리고 학부모만의 일이 아니라 학교 전체, 아니 교육청 전체의 일임을 인식시킬 수 있다.

10
팀으로 일하는 특수교육

"한 아이를 키우려면 온 마을이 필요하다(It takes an entire village to raise a child)."

"빨리 가려면 혼자 가고, 멀리 가려면 함께 가라(If you want to go quickly, go alone, if you want to go far, go together)."

미국에서 새내기 특수교육 선생님으로 일하면서 유명한 아프리카의 이 속담들을 온몸으로 경험하고 있다. 한국에서 일반학급 담임 선생님으로 일했을 때에는 함께 일하는 것, 팀으로 일하는 것의 가치나 의미를 별로 중요하게 생각하지 않았다. 한국에서 일하던 학교가 공동체와 협동을 강조하던 곳이었음에도 말이다. 물론 그 당시에도 동료 선생님들과 함께 수업 준비도 하고 이야기도 많이 나누었다. 학생들에게도 수업 시간에 짝과 함께 또는 모둠으로 여러 가지 학습 활동을 하게 독려하였다. 공개 수업 기간이 되면 동료 선생님들과 수업지도안을 함께 작성하고, 늦게까지 학교에 남아 짜장면을 먹으며 시간을 함께했던 기억들도 추억으로 남아 있다.

그런데 미국의 학교에서 경험하는 '함께하기'는 한국에서 경험하던 것들과는 차원이 다르다. 이곳에서의 '팀워크로 일하기'는 옵션, 선택의 문제가 아니라 필수, 즉 반드시 해야 하는 것이다. 학교 시스템 자체가 함께 협력하지 않으면 안 되도록 구조화되어 있다. 특히 특수교육 관련 업무는 거의 99% 팀으로 하게 되어 있다. 예를 들면, 내가 일하는 학교에는 모두 4명의 특수교육 선생님이 있다. 특수교육 선생님을 돕는 보조 선생님은 7~9명 정도가 있다. 또 학생들의 장애에 따라 여러 학교를 순회하며 특수교육을 제공하는 언어재활사, 작업치료사, 물리치료사, 특수체육 선생님, 교육청 소속 간호사, 행동수정 전문가 등이 있다. 이 사람들이 모두 특수교육이라는 우산 아래에서 한 팀으로 움직인다.

다운증후군으로 특수교육을 받고 있는 레이첼은 메리 선생님에게 지원실 수학을, 케이티 선생님에게 지원실 읽기와 쓰기를, 언어재활사인 조이 선생님에게 언어치료를, 조안 선생님에게는 작업치료를 받는다. 레이첼이 화장실을 갈 때나 식사를 할 때 아직 도움이 필요하므로 베티 선생님(보조 선생님)이 내내 레이첼의 옆을 지켜준다. 레이첼 한 명에게 담임 선생님을 포함하여 6명의 선생님이 한 팀이 되어 특수교육을 제공하고 있는 셈이다. 레이첼을 위해 일하는 여러 선생님의 교통정리를 위해 메리 선생님이 레이첼의 케이스 매니저가 되었다. 레이첼에게 어떤 문제가 생겼을 때 여러 사람이 함께 의논하여 문제를 해결하지만, 이때 케이스 매니저인 메리 선생님이 코디네이터 역할을 하게 되는 것이다. 그리고 만약 법정 소송이 걸렸을 때 주된 책임을 지게 되는 사람이 바로 메리 선생님이다.

한 학생이 학교에서 특수교육을 받을지 말지를 결정하기 위해서도 한 군단이 움직인다. 학교 심리검사 선생님, 담임 선생님, 특수교육 선생님, 교장 선생님 그리고 학부모가 한 팀으로 구성되어 세 차례 이상의 미팅을 가지고 학생의 특수교육 여부를 결정한다. 특수교육을 받는 학생의 IEP 미팅을 할 때에도 반드시 학부모, 담임 선생님, 특수교육 선생님 그리고 교장 선생님은 필수로 참석해야 하고, 이외에도 경우에 따라서는 교육청 소속 간호사, 언어재활사, 작업치료사, 특수체육 선생님 등도 참석을 요구받는다. 지난번 IEP 미팅 때에는 8명이 넘는 어른들이 회의실을 꽉 채운 경우도 있었다.

이곳에서 팀으로 일하면서 느낀 점은 함께 일하는 사람들과 꼭 인간적으로 친하지 않아도 성공적으로 일할 수 있다는 것이다. 설사 함께 일하는 보조 선생님이 마음에 들지 않고, 보조 선생님은 나이가 어린 특수교육 선생님이 아니꼽게 느껴져도 업무는 잘 굴러간다. 왜냐하면 일의 범위와 책임이 분명하게 정해져 있고, 범위와 책임을 벗어난 그 이상의 것을 서로에게 요구하지 않기 때문이다. 특수교육 선생님은 학생들에 관한 지도 업무 이외의 것은 절대로 보조 선생님에게 지시하지 않고, 마찬가지로 보조 선생님도 특수교육 선생님이 허락한 업무만을 한다. 보조 선생님이 자기 마음대로 학생에게 도움이 될 것이라 생각되어 이런저런 조치를 취해서는 안 되는 것이 불문율이다. 특수교육 선생님도 아무리 자기가 케이스 매니저라고 해도 언어치료나 작업치료에 관련된 것을 결정할 때에는 반드시 언어재활사나 작업치료사에게 먼저 물어보고 결정을 내린다. 이러한 바운더리가 지켜지지 않으면 바로 교장 선생님이 나서서 교통정리를 한다.

빠르고 효율적인 회의를 위해 간식을 먹는다든지 회의 전에 오락 시간을 갖는다든지 하는 것은 상상할 수도 없다. 마치 기업의 회의 시간처럼 모이자마자 본론으로 들어가 결론에 이르기까지 30분 정도면 된다. 회의 시간에 농담이나 헛소리는 방학 직전이 아니고서는 거의 기대하기 힘들다. 간혹 주제를 벗어난 이야기를 하는 사람들이 있는데, 이들을 위해 회의록을 작성하는 사람이 종이에 '주차장(Parking Lot)'이라는 별도의 구역을 마련해 놓고, 주제를 벗어난 의견이나 기타 헛소리 등을 따로 적어 놓는다. 나중에 시간이 날 때 검토해 보자는 취지에서이다.

팀으로 일하는 것이 부담스럽고 번거롭기도 하다. 그런데 팀으로 일하니 확실히 위기에 강하다는 것을 경험한다. 코로나19 난리 통 속에도 학생들에게 꿋꿋하게 특수교육을 하고 있고, 학교가 휴교하고 모두 온라인 수업으로 전환했을 때에도 특수교육을 온라인과 오프라인으로 쉬지 않고 학생들에게 제공할 수 있었다. 몇몇 선생님들이 힘들다고 학교를 그만두었을 때에도 팀 안에서 서로 업무를 나눠 하면서 지금까지 정상적으로 교육을 하고 있다. 역시 멀리 가려면 함께 가야 하는 것임을 실감한다.

… 한국과 미국에서 교직생활을 해 본 나에게는 한국에서와 비교해서 가장 차이가 났다고 느껴진 것이 바로 회의 문화였다. 미국은 회의가 참 많다. 그런데 회의가 의외로 짧고 굵게, 뭔가 결론을 내며 끝나는 것을 많이 경험했다. 미국 사람들에게서 배운 몇 가지 회의 팁을 소개하고자 한다.

• 간식이 없다. 한 달에 한 번 있는 교직원 전체 회의에만 간식이 있는데, 매우 간단한 것들이다. 간식을 준비하느라 시간과 돈을 소비하는 일이 없다.

• 회의를 진행할 때 항상 주제가 무엇인지 사회자가 명확하게 제시한다.

• 회의 때 각자 맡을 역할을 정한다. 예를 들면, 진행자, 서기, 시간 지킴이 등이다. 약속이 있는 사람들은 몇 시에 자리를 나가야 한다고 미리 말하고 양해를 구한다. 한 시간 안에 회의를 끝내기로 했다면 시간 지킴이가 "이제 10분 남았습니다."라고 경고를 날린다.

• '주차장(Parking Lot)'이라는 종이를 따로 마련하여, 주제와 별로 관련이 없는 안건이나 내용이 나왔을 때에는 그 의견을 묵살하거나 면박을 주는 것이 아니라 주차장

종이에 기록해 두었다가 다음 회의 때 논의하기로 한다.

- 회의 중 나온 의견이나 아이디어 등을 기록해 두었다가 회의 말미에 자원하여 일을 맡을 사람을 정한다. 즉, 참신한 의견을 제시했다가 결국 그 일을 제안한 사람이 뒤집어쓰는 경우가 없도록 한다. 자원하는 사람이 없으면 그냥 지나간다.

- 어떤 일을 추진하고 나서는 반드시 그 결과를 검토하고 반성의 시간을 가진다. 결과 검토를 할 때 그냥 잘했다 못했다가 아니라 대부분 숫자나 수치로 환산할 수 있는 데이터를 가지고 이야기한다. 즉, 지난 행사에 학부모 참석률이 몇 %였는지, 지난번에 비해 학생들의 성과가 몇 점 또는 몇 % 올랐는지 수치화하여 검토하는 것이 일상화되어 있다.

- 거의 모든 회의 시 출석 체크를 하고 회의록을 작성하여 상부에 보고한다. 요즘은 Google Doc으로 문서를 작성하여 장학사와 문서 공유를 통해 회의 내용을 보고한다.

- 업무 시간 외에는 회의를 하지 않는다. 혹시 업무 시간 외에 회의를 하게 될 경우에는 정당한 대가를 지불해야 하기 때문에 피치 못할 사정으로 회의를 진행하게 되면 꼭 오고 싶은 사람만 오라고 알린다.

11
당당한 학부모, 쿨한 선생님

한때 대한민국은 코로나19로 모두 조심하는 가운데에서도 특정 단체가 집회를 하고 집회에 참여한 것을 제대로 말하지 않아 코로나19가 확산되었다고 난리였었다. 기독교인인 나도 그 단체에 대해 여러 이야기를 들었지만, 그들이 '장애인'과 '가난한 자'들을 전도 대상자에서 제외하고 '궁핍자'라고 불렀다는 말을 듣고는, 특수교육에 몸담고 있는 나로서는 화가 나고 황당한 생각이 들었다. 그들이 생각하는 '새로운 세상'은 장애인과 가난한 자에게는 닫혀 있는 세상이었던 모양이다. 그런데 한편으로는 내가 바로 '궁핍자'여서 포교 대상이 될 가능성이 없었다는 사실이 위로가 되기도 한다!

어쨌든 이 궁굼자는 지난주 몹시 바쁜 나날을 보냈다. 바로 학부모 면담이 이틀이나 있었기 때문이다. 내가 일하는 학교에서는 가을에 한 번, 봄에 한 번 이렇게 일 년에 두 번 학부모 면담을 실시한다. 작년 가을에는 뭣도 모르고 학부모 면담에 참여하였는데 이제는 이것이 무엇이며, 선생님으로서 어떤 준비가 필요한지를 조금은 알기에 몹시 긴장되고 두렵기까지 하였다. 특수교육 선생님인 나는 내가 맡은 학생들의 부모님이 오는 시간에 맞추어 각 교실을 돌아다니며 학부모 면담 자리에 동석한다. 담임 선생님과 함께 자리를 하여, 학부모에게 내가 맡은 학생이 특수학급에 와서는 어떤 태도와 모습으로 공부하는지를 말한다.

한국에서도 해마다 학부모 면담을 했기에, 이곳에서의 학부모 면담이 그리 생소하지는 않지만, 문화가 다르기에 눈에 띄는 차이점도 보였다. 가장 큰 차이점은 1990년대 무렵, 그러니까 지금으로부터 수십 년 전에는 한국의 학부모님은 잘 차려 입고 종종 맛있는 과자나 케이크 등을 손에 들고 면담에 온다는 것이다. 분명 면담 때 아무것도 가지고 오지 말라고 학부모에게 공지를 했음에도 불구하고 말이다. 뭔가 예의를 갖추고 정성을 다해야 하겠다는 갸륵한 마음이 보인다. 담임 선생님 앞에 와서는 주로 담임 선생님이 하는 말에 귀를 기울이며 아주아주 가끔 질문을 하기도 한다. 담임 선생님도 학부모에게 질문을 하거나 의견을 묻기보다는 아이의 학교생활 전반에 대해 설명해 주는 시간으로 활용하기도 한다.

미국의 학부모들은 어떠한가? 그동안의 미국 생활의 선생님 경험으로 봤을 때, 옷차림이나 말투 등에서 느껴지는 분위기는 격의 없이 친근하며 선생님을 '직업인'으로 대하는 느낌이다. 장애인 자녀를 둔 학부모도 예외는 아니다. "특별한 도움이 필요한 우리 아이를 돌보시느라 선생님께서 얼마나 힘드시냐." 하는 고마움의 태도는 별로 보이지 않는다. 물론 선생님을 존중하지 않는다는 것은 아니지만, '내 아이를 맡아 돌보는 사람' 그 이하도 이상도 아니게 대하는 느낌을 받는다. 면담에 들어온 학부모들은 선생님의 간단한 설명을 듣고 이런저런 질문도 하고, 건의도 한다. 선생님들도 학부모가 어떤 의견을 피력하면 그것이 교칙이나 교육방침에 아주 반하지 않는 이상, 그냥 존중해 주는 분위기이다. 물론 과자나 간식 선물은 전혀 없다!

미국이나 한국이나 시공을 초월하여 진상 학부모는 있게 마련이다. 이번 면담 때도 몇 명을 목격하였다. 어떤 학부모는 면담에 들어와서는 애리조나주의 열악하고 뒤처진 교육 제도에 대해 맹비난을 하였다. 자신이 전에 살았던 동네와 비교하며 일장 연설을 이어 나갔는데, 듣고 있던 담임 선생님이 "우리가 애리조나에 사는 것이 잘못이라면 잘못이겠네요!"라고 받아칠 정도였다. 이 학부모는 여기에 그치지 않고, 동네에 있는 중학교들이 안 좋아서 그나마 옆집 아주머니가 추천해 준 ○○ 차터스쿨에 아이를 진학시키기로 했다고 말했다. 이 진상 학부모에게 있어서 현재 이 학교는 궁핍자요, 그 ○○ 차터스쿨은 신세계였나 보다. 그런데 교육 전문가의 눈으로 볼 때, 또 학생을 잘 아는 한 사람으로서 신세계라고 생각하는 그 ○○ 차터스쿨은 그 아이에게 경쟁과 시험의 온상인 '지옥'이 될 것임이 불을 보듯 훤하다. 특히나 학습장애를 지닌 그 아이에게는 말이다. 담임 선생님이 진상 학부모에게 이 점을 에둘러서 설명했지만 이 학부모는 자기 생각에 사로잡혀서 듣지 못했다.

　약속 시간을 지키지 않거나 나타나지 않는 경우 또한 시공을 초월하여 나타난다. 미국 선생님들이 쿨하다고 느껴진 것이 바로 이 순간이었다. 약속 시간에 학부모가 나타나지 않자, 그냥 "안 오시나 보다." 하고 지나간다. 특수교육 선생님이 이 학부모를 위해 일부러 시간을 내서 함께하는데도, 학부모에게 전달해야 할 내용이 많은데도, 따로 연락을 해 보거나 하지 않는다. "학부모 면담에 안 와서 자녀에 대한 학교생활 이야기를 못 들은 것은 당신 책임!" 이것이 바로 미국 선생님들의 쿨한 마인드이다. 미국 선생님들은 개인 연락처를 학부모에게 알려 주지 않는다. 대부분 이메일로 연락을 주고받고, 아주 가끔 전화 통화를 한다. 특히 업무 시간이 지나면 이메일조차도 답변을 하지 않는 경우도 다반사이다. 즉, 학부모들이 '직업인'으로 선생님을 대우하는 것처럼, 선생님들도 어느 정도 교직을 사명감이나 헌신보다는 '직업'으로 임하는 것이다.

　뭔가 정이 넘치고 융통성이 풍부한 한국의 부모님과 선생님 사이. 냉정하리만치 선이 분명하고 역할이 분명한 미국의 부모님과 선생님 사이. 어느 것이 옳고 그르다고 볼 수 없다. 그냥 문화의 차이라고나 할까. 한 가지 좋았던 것은 장애학생의 학부모들의 당당한 모습이다. 오히려 선생님들이 이것저것 더욱 신경 쓰며 상담을 준비하는 모습이다. 아이들의 교육에 있어서 갑과 을의 관계, 상하의 관계가 아닌 협력과 동반자의 관계를 지향하는 이곳의 모습이 약간 부럽다!

12
공간을 함께하기, 활동을 같이하기
– 함께하는 첫걸음

좀처럼 시청하지 않는 실시간 미국 공중파 방송을 보았다. 한국 영화가 어쩌면 오스카 상을 몇 개 받을지도 모른다는 소식 때문이었다. 과연 소문대로 봉준호 감독의 영화 〈기생충〉이 여러 분야에서 상을 받는 감격을 선사했다. 많은 사람은 멋진 배우들과 후보에 오른 굉장한 영화들에 감탄하며 시상식 중계를 보았겠지만, 나는 잭 고츠아전(Zack Gottsagen)이 시상자로 무대에 등장한 것에 더 큰 감명을 받았다. 고츠아전은 무대에서 아카데미 단편 영화상 수상작을 발표하였다. 고츠아전은 다운증후군을 가진 청년이다. 말끔

한 턱시도 차림으로 무대에 올라 동료 배우와 함께 비록 더 듬거리는 목소리로 수상작을 발표하였지만 이 청년의 등장을 통해 아카데미 시상 위원회가 어떤 방향을 추구하고 있는지를 깨달을 수 있었다.

영어로는 'Inclusion'이라는 단어로 대표되는 사회적 가치가 있다. Inclusion이 우리말로는 '포함, 포함된 사람'이라는 뜻이라고 하는데, 단순히 포함을 넘어서서 배척하지 않고 함께할 수 있도록 기회를 주고 도움을 준다는 의미가 포함되어 있다. 한국의 특수교육에서 많이 쓰는 '통합'이라는 단어가 이 개념에 가장 가깝지 않을까 생각한다. 미국의 특수교육과 복지 정책의 거대한 흐름은 'Inclusion'이다. 장애학생들과 성인 장애인들을 사회나 가족으로부터 격리시키거나 분리하는 것이 아니라 학교와 지역 공동체 속에 녹아들수 있도록 최대한 교육과 복지 서비스를 제공하는 것이다.

Inclusion의 첫걸음은 공간을 공유하는 것이다. 요즘 같은 유비쿼터스 시대에 공간이 별로 중요하게 생각되지 않을 수도 있지만 공간은 사실 우리의 생각과 신체에 지대한 영향을 미친다. 봉준호 감독은 일찌감치 이 사실을 인지하고는 그의 영화 속에 윗동네 사람들과 아랫동네 사람들이 서로 공간을 공유하지 못하고 분리되는 현실을 웃프게 그려 내지 않았는가! 특수교육에서는 장애학생을 일반학급에서 수업을 받게 하느냐, 아니면 특수학급에 배치하느냐 하는 결정을 매우 심각하고 중요하게 다룬다. IEP, 즉 개별화교육계획안을 짤 때, 특수교육을 받는 학생이 특수교육을 받기 위해 일반학급의 수업에서 몇 시간이나 빠져 나와야 하는지 계산하도록 되어 있고, 특수교육을 받기 위해 일반학급의 수업을 빠지는 것으로 인한 손해나 피해는 어떤 것들이 있는지 일일이 기술하도록 되어 있다. 뇌전증(간질)이 아주 심한 학생도, 배에 튜브를 연결하여 유동식만 먹는 학생도, 양팔의 뼈를 절단하여 다시 이어 붙이는 수술을 받은 학생도 모두 웬만하면 일반학급에서 친구들과 함께 수업을 받는다. 수업을 받을 수 있도록 보조 선생님을 곁에 붙여 준다. 비록 이 학생들이 중학교, 고등학교에 가서는 결국 특수학급이나 특수학교에 갈 수밖에 없으리라는 것을 경험 많은 선생님들은 예상하지만 친구들과 함께할 수 있을 때 최대한 많은 시간을 보낼 수 있도록 도와준다. 이 아이들의 초등학교 시절을 조금이라도 '포함되는', '함께하는' 추억들로 채워 주기 위해 노력하는 것이다.

공간을 함께하게 되면 전혀 예상치 못했던 일들이 벌어진다. 교회에서 있었던 일이다. 내가 다니는 교회는 오랫동안 미국 교회의 식당에서 예배를 드려 왔다. 식당이 본당과 좀 떨어져 있어서 미국 교회의 스케줄에 별로 영향을 받지 않고 독립적이고 오붓하게 예배를 드릴 수 있었다. 그런데 4년 전부터 예배 시간을 옮겨 본당에서 예배를 드리기 시작했다. 미국 교회가 예배를 드리고 나면 한국 교회가 그 공간을 사용하는 것이다. 그러다 보니 교인들끼리 서로 얼굴을 자주 보게 되고, 서로 어떤 식으로 예배를 드리는지, 그 주에는 어떤 행사를 했는지 자연스럽게 알게 되었다. 서로 얼굴을 자주 마주치다 보니, 청년들끼리 교류가 시작되었고, 급기야는 성경공부, 수련회 등을 함께하게 되었다. 이러한 연합은 특별한 프로그램이나 성경공부, 차별방지 교육 등으로 이루어진 것이 아니다. 9년 동안 없었던 일이 공간을 공유하면서 벌어진 것이다.

어떤 이들은 장애인들을 돕기 위해 그들을 위한 시설을

따로 만들고, 행사를 개최하고, 예배나 성경공부를 특화하여 만들기도 한다. 이러한 노력들도 물론 필요하다. 그러나 더 근본적인 사랑과 해결책은 장애인과 그 가족들을 우리 속으로 초대하는 것이다. 백화점에 장애인이 왔을 때, 백화점 지점장이 뛰어나와 한가할 때 오라고 한다거나 눈살을 찌푸리는 것이 아니라 자연스럽게 받아들이고, 비장애인들이 장애인들을 배려하기 위해 행동거지를 좀 조심하고 양보해야 할지라도 이해하고 기다려 주는 것이다. 장애인을 위한 음악의 밤이나 연주회도 좋지만, 일반 음악회나 연주회에 장애인이 참여할 수 있는 공간을 마련해 주는 것이다. 장애인 예배도 좋고, 치료 사역도 좋지만 주일예배, 구역미팅이나 성경공부에 선뜻 참여할 수 있도록 누군가 초대해 주고 따뜻하게 맞아 주는 것이다. 설사 행사나 예배가 좀 소란해지고 엄숙미가 떨어지더라도 장애인들이 제자리를 찾고 분위기에 익숙해질 때까지 기다려 주는 여유가 필요한 것이다. 장애인이나 그 가족이 우리 속에 왔을 때, 그들의 친구가 되어 주는 것이다.

차별하지 않는 것은 단순히 다르게 대접하지 않는 것에서 더 나아가 '환대'한다는 것이다. 환대한다는 것은 장소를 공유한다는 것이 포함된다. 무엇인가를 함께한다는 뜻도 된다. 그래서 2000년 전에 예수님께서 차별받던 사람들 집에 가서 함께 밥을 드셨나 보다!

제4부

현장의 이야기

13
특수교육은 누가 받을 수 있나요

미국에서 교사 채용 면접을 볼 때의 일이다. 교육청에서 특수교육 담당 장학사가 나와서 내가 실습하고 있는 학교의 교장 선생님과 함께 나를 인터뷰했다. 영어로 면접을 보다니 꼭 꿈만 같았다. 한국말로 인터뷰를 해도 떨리기 마련인데 영어로 대답을 잘할 수 있을까 걱정이 되었다. 다행히 유튜브(YouTube) 선생(?)의 도움으로 인터뷰 준비를 무사히 할 수 있었다. 전날 혹시나 하는 마음으로 유튜브에 '특수교육 선생님 취업 면접(special educator job interview)'이라고 검색을 했더니 다양한 동영상이 나와서 예상 질문과 모범 답안을 공부할 수 있었다. 역시 유튜브 선생은 요즘 나의 일상생활에서 정말 친절한 길잡이가 되고 있다. 요리는 물론이요, 집안 정리, 뜨개질, 가구 정리 등 모르는 것이 없이 친절하게 잘 가르쳐 주고 있다.

면접 중에 장학사에게 내가 한인 커뮤니티 신문에 특수교육과 영어교육에 관한 글을 쓰고 있다고 자랑을 좀 했다. 그랬더니 특수교육에 관한 정보거리를 주겠다며 신문에 좀 실어 달라고 제안을 했다.

인터넷이나 학교 홈페이지에서 특수교육 관련 정보를 찾다 보면 온갖 약자와 알쏭달쏭한 단어로 처음에는 당황하게 된다. 그래서 몇 가지 용어는 반드시 알아 두어야 미국 특수교육에 관한 전반적인 사항들을 깊이 있게 이해할 수 있다. 특수교육에 관심 있는 사람들이라면 「장애인교육법」 일명 「Individuals with Disabilities Education Act Amendments of 2004(IDEA 2004)」 정도는 꼭 알아 두어야 한다. 누가 어떤 방식으로 어느 만큼 특수교육 서비스를 받을 것인지는 이 법에 따라 정해지게 된다. 이 「장애인교육법」을 기준으로 미국 각 주의 교육부는 그 주에 맞는 특수교육의 범위와 정도를 세부적으로 정하게 되는 것이다.

2004년 개정된 미국의 「장애인교육법(IDEA)」에서 정한 바에 따르면 특수교육을 받을 수 있는 장애는 자폐스펙트럼장애(autism spectrum disorder), 농-맹(deaf-blindness), 정서장애(emotional disturbance), 청각장애(hearing impairment), 특정학습장애(specific learning disabilities), 지적장애(intellectual disability), 중복장애(multiple disabilities), 지체장애(orthopedic impairment), 기타 건강장애(other health impairment), 말/언어장애(speech or language impairment), 외상성 뇌손상(traumatic brain injury), 그리고 시각장애(visual impairment)이다. 덧붙여, 3~9세 사이에 신체적, 지적, 정서적 발달 지체가 있다고 진단된 경우에는 이와 관련된 특수교육 서비스를 제공받을 수 있는 대상으로 정하고 있다. 한국의 경우에는 농-맹과 중복장애가 특수교육 대상자에서 빠져 있다. 대신 '발달지체'와 '그 밖에 대통령령으로 정하는 장애'가 포함되어 있어 융통성을 두고 있는 듯하다.

장애의 종류가 생각보다 많고 복잡하여 놀란 사람도 있을 것이다. 일반인은 특수교육을 받을 필요가 있다고 생각하지 못했을 뇌전증(간질), 소아당뇨, 용혈성 빈혈, ADHD, 난독증 등도 모두 특수교육 서비스를 받을 수 있는 대상이다. 이제는 '장애'를 모자라고 숨기고 싶은 수치스러운 것으로 생각하기보다는 좋은 교육과 충분한 서비스를 통해 극복하고 적응해야 할 특성으로 바라보아야 할 시대이다. 과학과 기술 그리고 교육의 발전으로 애리조나주에서만큼은 최대한의 교육 서비스를 받을 수 있기 때문이다. 이 교육 서비스를 놓치지 말고 누리는 장애인 가족이 늘어나기를 바란다.

14
특수교육이 필요하다면
– 미국에서의 절차

미국의 공립학교에서 특수교육을 받으려면 어떤 절차가 필요할까? 단계가 생각보다 복잡하여 구구절절 말로 설명하기보다는 이야기식으로 예를 들어 설명해 볼까 한다.

노아의 어머니는 요즘 걱정이 깊어졌다. 이제 1학년에 들어간 노아를 옆에 끼고 앉아서 스펠링 시험 공부를 시키는데, 암기를 너무나 못하는 아이를 보니 화가 치밀어 오르기도 하고, 열심히 외우는데도 머릿속에 저장을 못하는 모습이 안쓰럽고 애처롭기도 하였다. 며칠 전에는 동화책을 읽어 주었는데, 읽고 나서 주인공 이름을 물으니 제대로 답을 하지 못하고 엉뚱한 말만 하였다. 그저께는 간단한 덧셈, 뺄셈 문제를 푸는데 한시도 자리에 가만히 앉아 있지 못하고 이리저리 왔다 갔다 하며 참견을 하다가 수학 숙제를 끝내는데 1시간도 넘게 걸렸다.

노아의 어머니는 비록 영어에 자신이 없었지만 용기를 내어 담임 선생님에게 상담을 요청하는 이메일을 보냈다. 이메일에는 노아에 대한 고민을 담았다. 다음 날 노아의 담임 선생님에게 답장이 왔다. 마침 담임 선생님도 노아의 학습 부진에 대해 걱정하고 있었던 모양이다. 담임 선생님은 노아가 이미 Tier-3단계, 즉 학습부진아 담당 선생님에게 집중적인 학습 지도, 영어로는 intervention을 받고 있음에도 불구하고 학업 향상이 그리 크지 않아 특수교육 진단검사를 받아야 하나를 고민 중이였다고 알려 주었다. 노아의 어머니는 노아가 학습부진아 담당 선생님에게서 이미 집중 교육을 받고 있는 상태였다는 말을 듣고 깜짝 놀랐다. 그제서야 노아가 이미 학교에서 선생님들의 레이더망에 잡혀서 집중 교육을 받고 있다는 것을 알게 되었다.

미국의 공립학교에서는 학생의 학습부진이나 품행을 3단계에 걸쳐서 교육하고 관리한다. 노아의 경우, 처음에는 담임 선생님이 학급 안에서 이런저런 방법을 써 가며 노아에게 학습적인 도움을 주었을 것이다. 이것이 1단계이다. 담임 선생님 선에서 노아에게 도움을 주는 것이다. 그런데 이 방법이 효과가 없고, 좀 더 적극적인 지도 편달이 필요하다고 판단되면 노아와 같은 수준의 또는 약간 높은 수준의 학생들과 소그룹으로 엮어서 학습부진아 담당 선생님에게 지도를 받는다. 예를 들면, 읽기 지도나 덧셈, 뺄셈 등을 집중적으로 지도받는 것이다. 이것이 2단계이다. 이것도 효과가 없다면 이제는 마지막 단계, 즉 학습부진아 담당 선생님과 거의 일대일로 특별 지도를 받는 것이다. 노아는 바로 이 마지막 단계에 있었던 것이다. 여기까지는 학교에서 부모에게 특별히 알리거나 허락을 받을 필요는 없다. 이 마지막 3단계에서조차 큰 교육적 효과를 보지 못한다면, 이제는 특수교육을 고려해 볼 단계에 이른 것이다.

노아의 담임 선생님은 학교 심리검사 선생님이 어머니에게 곧 만나자는 연락을 할 것이라고 했다. 아니나 다를까 며칠 뒤, 노아 어머니는 '기존 자료 검토 미팅(Review of Exisitng Data Meeting)'에 참여하게 되었다. 이 미팅에는 담임 선생님, 특수교육 선생님, 교장 선생님 그리고 학교 심리검사 선생님이 참석하여 현재 노아의 학교생활은 어떠하고 학업 정도는 어느 정도인지 함께 살펴보고 특수교육 진단을 위해 어떤 검사들-즉, 인지검사, 학력검사, 품행검사 등-이 필요하다는 것을 설명하였다. 그러고는 이러한 검사들에 대해 학부모가 허락하는지를 물었다. 당연히 어머니는 노아가 각종 검사를 받는 것을 허락하였다. 학교에서 실시하는 모든 진단검사는 다행히도 무료이다. 그렇기에 노아가 특수교육을 받기 위해 따로 병원에 가서 값비싼 진료비와 검사비를 내고 검사를 받을 필요가 없는 것이다. 학교 심리검사 선생님은 각종 진단검사가 끝난 후, 검사 결과를 가지고 다시 한 번 미팅을 가질 것이라고 하였다.

한 달 후, 학교 심리검사 선생님에게 만나자는 연락이 왔다. 노아에 대한 각종 진단검사를 끝냈고, 검사 결과를 가지고 노아에게 특수교육이 필요한지 아닌지를 의논하는 미팅(Multidiciplinary Evaluation Team Meeting)이라고 하였다. 미팅에 나가 보니 지난번 미팅에 참석했던 사람들이 다 나와 있었다. 학교 심리검사 선생님은 그동안 했던 모든 검사의 결과들을 설명해 주었다. 지능검사, 학력검사, 운동신경검사, ADHD검사 등 여러 가지 복잡한 검사 결과가 무엇을 의미하는지 자세히 설명해 주었다. 결과적으로 노아는 '학습장애'와 '기타 건강장애'라는 장애명으로 특수교육 대상자가 된다고 하였다.

노아에게 '기타 건강장애'라는 진단명이 붙은 이유는 미국의 「장애인교육법」에서 ADHD는 따로 특수교육 대상자 항목에 포함되어 있지 않기 때문이다. ADHD로 특수교육 대상자가 되기 위해서는 '기타 건강장애'로 진단을 내려야 한다고 하였다. 학교 심리검사 선생님은 조만간 특수교육 선생님에게 만나자는 연락이 갈 것이라고 했다. 이제 노아가 특수교육을 받을 수 있는 것으로 판명이 났으니 특수교육 선생님과 함께 '개별화교육계획안'을 계획하고 확정 지을 미팅을 해야 하기 때문이다.

며칠 후, 특수교육 선생님으로부터 만나자는 연락이 왔다. 드디어 노아의 특수교육을 시작하기 위한 미팅 날짜가 잡힌 것이다. 미팅에 나가니 특수교육 선생님, 담임 선생님, 교장 선생님이 있었다. 노아는 언어치료나 작업치료 등이 필요한 학생은 아니어서 언어재활사나 작업치료사는 참석하지 않았다. 이 미팅에서 특수교육 선생님은 앞으로 노아에게 어떤 교육 목표를 가지고 일주일에 얼마만큼의 특수교육이 제공되는지 설명해 주었다. 특수교육 선생님은 이러한 개별화교육계획 미팅이 1년에 한 번씩 있을 것이며, 노아에게 계속 특수교육이 필요한지를 의논하는 미팅과 진단 검사는 3년에 한 번씩 있게 될 것이라고 알려 주었다. 드디어 노아는 특수교육 선생님에게 특수교육을 받을 수 있게 되었다.

비록 여러 번의 미팅과 생각보다 복잡한 절차를 거쳐 특수교육을 받게 되었지만 이 과정을 통해 어머니는 노아에 대해 여러 가지를 알게 되었고, 노아를 어떻게 도울 수 있을지 좀 더 구체적으로 배우게 되었다. 노아의 어머니는 이 과정을 통해서 학교의 선생님들이 생각보다 전문적이고 세심하게 노아를 돌보고 있음을 알게 되었다.

노아의 예에서 보듯이 미국에서 특수교육 대상자로 결정

되기까지는 생각보다 오랜 시간이 걸린다. 한 달에서 6개월까지 걸릴 수도 있다. 그러나 법적으로 정해진 기간들이 있기 때문에 일단 특수교육 대상자 결정 절차가 진행되면 시간이 걸리기는 해도 결정은 나기 마련이다. 특수교육은 단거리 달리기가 아니라 마라톤이다. 어떤 이는 긴 여행으로 비유하기도 한다. 특수교육을 생각할 때는 앞으로 몇 년 만을 생각할 것이 아니라 자녀의 인생 전체를 두고 장기적인 눈으로 바라보아야 한다. 그리고 중요한 점은 특수교육은 팀워크(teamwork)로 이루어지는 교육이라는 점이다. 부모 혼자 또는 학교 선생님만으로는 제대로 된 교육 효과를 거두기 어렵다. 여러 사람이 연합하여 이루어 내는 공동 작업인 것이다.

15
IEP 미팅

IEP, 즉 개별화교육계획안을 위한 학부모와의 IEP 미팅은 특수교육에서 매우 중요하다. 한국에서 일반 초등학교의 담임 선생님으로 있을 때에도 IEP 미팅은 한 학기에 한 번씩은 했었지만 그 당시에는 이 미팅을 학부모와 특수교육 선생님 그리고 담임 선생님이 만나 학생의 학교생활을 돌아보고 의논하는 만남 정도로 생각했었다. 이 미팅에 오시는 학부모님들도 비슷한 생각이었는지, 미팅에 가면 으레 학부모님이 맛있는 간식과 커피를 가지고 오셔서 간식을 먹으며 가볍게 학생에 대한 여러 가지 이야기를 의논하고는 했다.

그런데 이곳 미국에서 경험하는 IEP 미팅은 한국의 그것과는 완전히 다른 느낌이었다. 미국에서의 IEP 미팅은 법으로 규정된 것으로 특수교육을 받는 학생이라면 일 년에 한 번은 반드시 해야 한다. IEP 미팅에는 필수 참석자들이 있는데, 미팅 시작 전에 출석 체크를 하고 출석 여부를 사인하도록 할 정도로 참석자 관리가 철저했다. 꼭 참석해야 하는 사람은 특수교육 선생님, 교육 행정가, 담임 선생님(일반학급 담당 선생님), 검사 결과를 판단하고 해석할 수 있는 사람—대개는 학교 심리검사 선생님이나 특수교육 선생님이 이 역할을 맡는다.—그리고 학부모이다. 이 외에도 학생이 만약 언어치료나 작업치료, 또는 특수체육치료를 받는다고 하면, 이를 맡은 치료사들도 미팅에 참석해야 한다. 부득이하게 참석하지 못할 경우에는 미리 학부모에게 전화나 이메일 등으로 양해를 구해야 한다. 어떤 학생의 경우 10명이 넘는 관계자들이 모여 IEP 미팅을 하기도 한다. 학부모는 반드시 참석해야 한다. 어떤 때에는 학부모와 연락이 잘 닿지 않아 애를 먹이는 경우도 있다. 이럴 경우에는 특수교육 선생님이 부모와 연락을 시도한 횟수와 시간 등을 자세히 기록해 두고, 마지막 수단으로는 경찰을 대동하고 학생의 집을 방문하여 학부모의 상황을 점검하기도 한다. 웃픈 일로는 학부모가 교도소에 수감되어 있어 할머니가 미팅에 오는 경우가 있다. 그런데 이 경우에 할머니가 법적인 보호자로 등록되어 있어야만 IEP 미팅에 참석할 수 있다. 그렇지 않은 경우에는 법적 보호자로 인정되지 않으므로 미팅에 참석할 수 없고, 보호자가 없는 IEP 미팅은 성립될 수 없다. 이때는 교도소에 전화를 걸어 IEP 미팅을 진행해야 한다.

미팅 날짜를 정하고 여러 참석자에게 연락하여 스케줄을 조정하는 일은 모두 특수교육 선생님의 몫이다. 물론 개별화교육계획안 초안을 작성하여 학부모에게 미리 보내고, 미팅 때 이를 가지고 나와 사회를 보는 것도 역시 특수교육 선생님의 역할이다. 많은 특수교육 선생님이 바로 이 스케줄 잡는 일을 힘들어한다. 미국의 선생님들은 대체로 근무 시간 이후에 일하는 것을 극도로 싫어한다. 여러 사람이 한자리에 모이는 시간을 정하다 보면, 오후 늦게나 아침 일찍 약속이 잡히는 경우가 있는데, 어떤 선생님들의 경우 성질을 내거나 아니면 미팅에 얼굴만 삐죽 비추고는 개인 사정이 있다며 휙 나가 버리는 경우도 있기 때문이다.

어렵게 잡힌 스케줄로 미팅이 시작되면, 대개는 무난하게 미팅이 진행되고, 훈훈하게 마무리된다. 특수교육 선생님이 작성한 IEP 초안이 말이 초안이지 거의 확정안이나 다름없는 것이기에 학부모가 특별한 질문을 하거나 요구사항을 말하거나 브레이크를 걸지 않는 한 30분 정도 선에서 미팅이 마무리된다. 미팅이 끝나게 되면 특수교육 선생님은 미팅을 요약하여 정리한 문서인 'Prior Written Notice', 우리말로는 '사전 서면 동의서'라고 하는데, 이것을 작성하여 수일 내에 학부모에게 보내야 한다. 이 문서의 성격은 IEP 미팅에서 논의되고 결정된 것들을 다시 한번 정리하고 특수교육 서비스가 언제부터 적용되는지를 학부모에게 알려 주는 것이다.

모든 IEP 미팅이 훈훈하고 매끄럽게 진행되는 것은 아니다. 작년에는 어떤 학부모가 예고도 없이 변호사를 대동하고 나타났다. 학부모의 말로는 자기 가족의 친구라고 하는데, 검은 치마 정장에 서류 가방을 들고 나타난 그 사람은 누가 보아도 변호사였다. 다행히 그 미팅에는 베테랑 특수교육 선생님이 함께하여 차근차근 IEP 내용을 설명하고 큰 탈 없이 마무리되었다. 그러나 IEP 미팅에 학부모가 변호사를 데리고 나타나면 미팅의 분위기는 긴장되고 살벌해진다. 특수교육 선생님이나 행정가는 상당히 말조심을 하며 꼭 해야 할 말만을 하고, 확실하게 보장할 수 없는 약속이나 서비스 등은 일절 언급하지 않는다. 한마디로 다소 소극적인 입장이 되는 것이다. 왜냐하면 함부로 핑크빛 약속을 했다가 변호사에게 꼬투리를 잡히거나 법정에 서게 될 염려가 있기 때문이다.

일전에 한 베테랑 특수교육 선생님이 IEP 미팅에 나타난 변호사 대처법을 알려 주었다. 먼저, 변호사가 온다는 소식을 듣게 되면 자리 배치에 신경을 써야 한다. 절대 변호사를 테이블 중앙에 앉지 못하게 하고 구석에 앉혀서 대화의 주도권을 갖지 못하게 해야 한다. 그다음으로, 변호사와 절대 눈을 마주치지 않으며, 학부모하고만 눈을 마주치고 대화를 이어 나가고, 만약 변호사가 질문을 하면 그 질문에 대한 대답을 할 때에도 학부모에게 대답을 해 주어야 한다. 예전에 어떤 학교에서 한 학부모가 변호사를 데리고 나타나 미팅에서의 대화를 녹음하겠다고 해서 학교 선생님들이 온 학교를 뒤져서 커다란 스피커를 준비하고 구닥다리 녹음기를 준비하여 우리도 녹음을 하겠다고 맞선 일도 있었다고 하였다. 뭔가 전쟁의 기운이 감돌게 되는 것이다.

지난 달 있었던 IEP 미팅도 상당히 스트레스가 되었다. 학부모가 평상시에 학교에 빈번하게 무리한 요구를 하였고, 툭하면 교육감에게 불만 사항에 대한 이메일을 날리는 것으로 유명한 분이라 모두가 상당히 긴장을 하며 IEP 미팅을 준비하였다. 오죽하면 교육청에서 수년 간 학부모 소송 담당을 맡았던 장학사가 다 출동을 했겠는가 말이다. 학부모는 듣던 대로 카리스마 넘치는 뿔테 안경을 쓰고 그동안 받았던 각종 성적표, 시험 결과표, 과제 등을 커다란 3공 파일에 정리하여 나타났다. 이 미팅의 진행을 맡은 특수교육 선생님이 빔 프로젝트로 IEP 초안을 쏘아 차근차근 설명하며 학부모의 질문에 대한 답을 하였다. 모두가 긴장하며 준비한 탓인지 의외로 학부모는 싱겁게 몇 가지 질문만을 하며 미팅이 매끄럽게 마무리가 되었다.

학부모들 중에는 IEP가 무엇인지 이해하지 못하는 사람들도 꽤 있다. 그래서인지 1년에 한 번, 특수교육 선생님의 연락을 받고 미팅에 나타나기는 하지만 매년 미팅에 와서 항상 똑같은 질문을 반복해서 하거나 아니면 왜 본인의 아이가 특수교육을 받아야 하느냐는 엉뚱한 항의를 쏟기도 한다. 어떤 학부모의 경우, 단 한 번의 IEP 미팅으로 모든 것이 영원불변으로 결정되는 것인 줄 착각하고 인원을 확인하는 출석부에 사인하기를 거부하는 일도 있다고 한다. 그런 경우를 미연에 방지하고자 미팅 초반에 항상, 이 미팅에서 결정되는 것은 언제나 학부모의 요청에 따라 재검토되고 새롭게 논의될 수 있다는 사실을 알린다. 그리고 매번 학부모의 권리가 적힌 두꺼운 문서를 제공한다.

아직도 나는 IEP 미팅 날짜가 잡히면 마음이 몹시 떨리고 긴장된다. 영어가 부족함이 가장 큰 이유이겠지만, 영어보다도 어떻게 하면 학부모의 마음에 상처를 주지 않고 모두가 가장 만족하는 결정을 내릴 수 있는가에 대한 고민이 크기 때문이다. 때로는 IEP 미팅을 통해 학생의 부족함, 현실적인 어려움, 미래에 닥칠 고난 등을 알려 주어야 할 경우도 있다. 학부모의 기대와 현실의 간격을 좁혀서 효율적인 교육 서비스를 제시해야 하는 경우가 태반이다. 이런 경우에 마음을 얻는 대화법이 나에게는 필요한데, 나는 아직 갈 길이 멀다.

… 학부모로서 학교를 방문하여 선생님을 만나는 일은 기쁘기도 하겠지만 왠지 떨리고 무거운 심정일 수 있다. 더군다나 미국에서의 IEP 미팅은 특수교육 선생님, 담임 선생님, 교장 선생님, 언어재활사 등 여러 명의 학교 관계자와 일대다(一對多)로 만나는 느낌이어서 더 당황스러울 수 있다. 학부모로서 다음을 미리 준비해 간다면 좀 더 자신감 있게 의미 있는 만남의 시간을 만들어 볼 수 있을 것이다.

- 평소에 궁금했던 점들을 미리 메모해 간다. 구체적일수록 좋다. 예를 들면, 마야가 체육 시간에 선생님의 지시를 잘 알아듣는가? ADHD 약을 먹었을 때와 안 먹었을 때 행동의 차이가 많이 나는가? 어떤 차이가 나는가? 등이다.
- 학교에 요청하고 싶은 것을 명확하게 적어 본다.
- 선생님들에게 감사의 표현으로 대화를 시작하면 미팅의 분위기가 부드럽고 협동적이 된다. 학교생활의 영향으로 자녀가 긍정적으로 변화하거나 발전한 부분이 있다면 선생님들에게 이야기하고 함께 기뻐하는 시간을 가지는 것도 부드러운 분위기를 만드는 데 상당한 도움이 된다.

- 집중력 관련 또는 정서 관련 약을 정기적으로 복용하고 있다면 약의 이름과 복용량을 정확히 알고 있거나 기록해 간다.
- 미국의 경우 통역이 필요하면 학교에 요청할 수 있다.
- 미팅의 목적이나 자녀와 직접적으로 관련이 없는 사항은 질문하거나 이야기하지 않는다.

16

분노왕 - 정서장애

요즘 나는 분노왕을 만나고 있다. 학교에서 말이다. 각 학급마다 분노왕이 떡하니 앉아 있다. 이 분노왕은 여러 가지 이유로 분노를 표출한다. 아침에 너무 졸려서, 갑자기 엄마가 보고 싶어서, 수학이 너무 어려워서, 친구가 가지고 놀고 있는 장난감을 가지고 놀고 싶어서, 선생님이 이래라저래라 하는 말이 듣기 싫어서 등 뭔가 비위에 맞지 않을 때 각양각색의 모습으로 분노를 분출한다. 바닥에 나동그라져서 뒹굴기, 큰 소리로 울기, 교실 구석에 처박혀 있기, 책걸상을 뒤집어엎고 던지기, 눈에 보이는 것 아무거나 던지기 등 한번

분이 나기 시작하면 주변을 한순간에 아수라장으로 만드는 비법을 소유하고 있다.

나는 며칠 전에 이러한 분노왕을 어떻게 잘 대처하는지 가르쳐 주는 강습회를 다녀왔다. 분노왕은 유치원부터 고등학교까지 다양하게 분포하고 있다고 한다. 강습회에서 전문 강사는 먼저 분노왕 개개인을 잘 아는 것이 중요하다고 강조했다. 분노왕이 언제 분노 게이지가 상승하는지, 분노 게이지가 상승하고 있을 때 어떤 행동 양상을 보이는지를 파악해야 한다고 했다. 예를 들면, 분노왕 '갑'은 분노가 치밀어 오르기 시작하면 손가락으로 머리카락을 돌돌 감아올리기 시작한다. 또 다른 분노왕 '을'은 연필로 책상을 탁탁 치기 시작한다. 이런 모습이 나타나면 담임 선생님이나 특수교육 선생님은 센스 있게 분노가 가라앉을 수 있을 만한 기분 전환 활동들을 제시한다든지, 아니면 교실 밖으로 나가게 한다든지 하는 기지를 발휘해야 한다. 이도 저도 불가능한 상황이라면 "분노왕 님, 지금 매우 불안하군요. 잠깐 교실 뒷쪽으로 가서 쉼이 어떠한지요?" 하고 말로써 달래기라도 해야 한다.

한국에서라면 도저히 상상하기 힘든 옵션이다. 분노왕에

게 선생님은 한층 더 큰 메가톤급 분노를 보여 줌으로써 '이열치열'의 원리를 구현해 보이는 것이 통용되는 방법이다. 한국에서 선생님으로 일할 때 수업 중에 가끔 분노왕들을 마주치기는 했었다. 그러나 학생 분노왕은 나름대로 분노를 쏟아 놓았을 이유가 있었던 경우가 대부분이었고, 교실 안에서 분노를 표출하는 일은 극히 드물었다. 오히려 선생님 분노왕을 몇 명 만난 적은 있지만 학생 분노왕은 잘 떠오르지 않는다. 만약 미국에서 한국식 메가톤급 분노로 분노왕을 제압하고자 한다면 학부모 및 인권 단체들로부터 소송을 당할 염려가 있기 때문에 이 방법은 절대 금지이다. 더군다나 지금 내가 만나는 분노왕들은 '마음이 아픈 학생들', 즉 정서장애가 의심되는 경우가 대부분이므로 일반학생들에게 통용되는 방법은 효과가 없다고 본다.

기분 전환 활동이나 말로 달래기 등으로 분노 초기 단계가 진압되지 않는다면 담임 선생님이나 특수교육 선생님은 그다음 단계를 준비해야 한다. 무전기로 교장 선생님이나 교감 선생님에게 인력 충원을 요청하는 것이다(특수교육 선생님들과 교장 선생님은 항상 무전기를 차고 다닌다). 그래서 분노왕을 교실 밖으로 데리고 나와야 한다. 만약 분노왕이 교실에서 나오려고 하지 않거나 너무 위험한 행동을 해서 가까이 다가갈 수 없는 상황이라면, 역으로 교실 안에 있는 학생들을 모두 내보낸다. 그리고 분노왕이 따라 나가지 못하게 출입문을 교장 선생님과 특수교육 선생님, 그 밖의 선생님들이 막는다. 미국 교실에는 문이 많아 문을 막는 데 여러 사람이 필요하다. 분노왕의 분노가 좀처럼 가라앉지 않고 계속해서 교실을 초토화한다면 두세 사람이 합세해서 분노왕을 '고립의 방', 영어로는 'Seclusion Room', 즉 안정실로 데리고 간다.

분노왕을 '고립의 방'으로 데리고 갈 때에는 꼭 '비폭력 위기관리(Nonviolence Crisis Intervention)' 교육을 받고 자격증을 소지한 사람만이 액션을 취할 수 있다. 만약 덩치가 크다, 힘이 세다는 이유 등으로 이 자격증이 없는 선생님이 분노왕을 '고립의 방'으로 끌고 갔다 가는 나중에 큰 문제가 될 수 있다. 나는 자랑스럽게도 이 자격증을 강습회에서 취득하였다. 자격증을 받기 위해 분노왕에게 얻어맞지 않는 방법, 머리채를 잡혔을 때 또는 목을 졸렸을 때 쉽게 빠져나오는 방법 등을 강습회에서 배웠다. 책상머리에서 이론만 배운 것이 아니라 둘씩 짝을 지어 실습도 해 보았다. 집에 와서 따로 연습도 해 보았다. 이제 나는 분노왕에게 머리채를 잡히거나 돌려차기 공격을 받더라도 살아남을 수 있다!

학교에 왜 이렇게 분노왕이 많은가 곰곰이 생각해 본다. 사회가 복잡해서인가, 깨진 가정이 많아져서인가, 환경오염 및 약물중독이 만연해서인가 이런저런 이유를 헤아려 본다. 미국의 공립학교가 너무 엄격해서인가, 아니면 수업 내용이 너무 어려워서 그런가 하는 생각도 든다. 그런데 엄격하고 수업 내용이 어려운 것은 한국의 학교도 마찬가지 아닌가 하는 반박도 든다. 어쩌면 내가 한국의 교단을 떠나 있는 사이에 한국에서도 분노왕들이 늘어나고 있는지 모르겠다.

ADHD, 강박신경증, 불안장애, 자폐스펙트럼장애, 적대적 반항장애, 투렛증후군 등 여러 가지 이름표를 달고 나타난 분노왕들이 바로 나의 사랑스러운 제자들이다. 이 분노왕들을 잘 다독이고 보살필 수 있는 지혜와 기술을 연구해야겠다. 이제 자격증도 있으니 본격적으로 분노왕과의 한판 승부는 나의 몫이다!

… 다음 사항들은 미국에서 배운 'Nonviolence Crisis Intervention', 즉 비폭력 위기관리 교육에서 알게 된 것이다. 미국에도 한국 못지않게 과격한 분노왕들이 있는데, 이들이 난동을 부려 경찰을 부르는 상황까지 가지 않도록 매년 특수교육 관련 종사자들은 마치 '심폐소생술' 교육을 받는 것처럼 'Nonviolence Crisis Intervention' 교육을 받는다. 다음의 사항들이 좀 비현실적일 수도 있고, 인력이 부족한 한국 학교의 실정에서는 어려운 일일 수도 있지만 이런 식으로 미국에서는 위기를 관리한다는 것을 소개하면 영리하고 똑똑하신 한국의 선생님들은 한국형 비폭력 위기관리 모델을 만드실 수 있으리라!

- 분노왕의 성향을 잘 파악한다. 그가 무엇을 싫어하는지, 언제, 어느 과목 시간에 분노가 극에 달하는지를 알아 둔다. 예방이 최선이다. 분노왕의 분노가 보글보글 끓어 오르는 시점이 오면 어떻게 해서든 분노왕의 분노를 식혀야 한다. 그것이 분노왕이 난동을 부려 경찰관이 오는 상황까지 가는 것보다는 낫다!
- 분노왕이 분노를 표현하기 시작하면 대비한다. 주변의 위험한 물건들을 치우고 주변 학생들의 자리를 다른 책

상으로 옮긴다.

- 분노왕이 욕설을 시작하거나 소음을 일으켜 수업을 방해하기 시작하면, "○○야, 소리를 줄여 주겠니. 친구들의 학습권을 존중해 주기 바란다."라는 경고를 고장난 라디오처럼 반복한다. 이 외의 말은 하지 않는다. 분노왕과 말싸움을 하지 않는 것이 관건이다. 말싸움을 시작한 순간 당신은 졌다! 중요한 것은 동료 선생님이나 교감 선생님 또는 교장 선생님에게 도움을 요청하는 것이다. 담임 선생님 혼자 분노왕을 감당할 수 없다. 여러 명의 선생님이 함께 협력해야 한다.

- 선생님들은 준비한다. 머리카락이 긴 선생님은 머리카락을 잡히지 않도록 머리를 묶는다. 이름표, 목걸이, 반지 등은 뺀다. 혹시라도 학생을 붙잡는 와중에 학생이 손톱만큼이라도 긁히거나 상처가 나면 '아동학대'니 또는 '학교폭력'이니 하면서 난동을 부리기 때문에 이를 원천 봉쇄 해야 한다. 분노왕이 다른 선생님들의 등장을 보고 분노를 가라앉히면, 지원을 나온 동료 선생님이나 행정가들은 분노왕에게 다가가 조용히 이야기를 좀 나누자고 하여 분노왕을 교실에서 나오게 한다.

- 분노왕이 분노를 증폭시키며 욕설을 심하게 하거나 물건을 집어던지거나 위협적인 행동을 하면 반드시 2인 이상

이 분노왕의 양옆에 서서 분노왕을 교실에서 나오게 한다. 이때 분노왕이 저항하면, 분노왕 대신 나머지 학생들과 담임 선생님을 도서관이나 다른 곳으로 자리를 이동하게 한다. 분노왕은 많은 경우 자신의 분노를 시청할 관중을 원한다. 지켜보는 사람들이 없어지면 희한하게도 분노가 사그라지는 경우가 많다.

- 분노왕을 교실 밖으로 끌어 낼 때에는 되도록이면 분노왕이 스스로 걸어서 제3의 장소까지 가도록 한다. 분노왕 양옆에 그리고 앞뒤에 선생님들이 서서 분노왕이 옴짝달싹 못하게 해야 한다. 그러나 분노왕을 결박하거나 으박지르거나 하면 안 된다. 분노왕의 마수에 걸려드는 것이다. 분노왕은 선생님들을 화나게 하려는 것에 목숨을 걸었다는 것을 명심한다.

- 제3의 장소에 가서는 바로 학부모에게 이 사실을 알리고 분노왕이 분노를 가라앉힐 때까지 그냥 가만히 놔둔다. 분노왕이 아무리 욕을 하고 지껄여도 혼잣말을 하는 것처럼 취급하고 그냥 지칠 때까지 놔둔다. 그런 후에 차분히 분노왕과 상담을 한다.

17
기분왕 - 정서장애

　기분왕을 다루어 보고자 한다. 단어에서 쉽게 미루어 짐작할 수 있겠지만 우리가 흔히 일컫는 '기분파'와 같은 부류의 학생들이라고 하겠다. 이 기분왕은 동서를 막론하고 어디에나 존재하는 듯하다. 즉, 유니버설한(universal) 존재인 것 같아서 '지구인'이라는 호칭에 걸맞다고 생각된다. 나는 한국에서도 미국에서도 기분왕을 여럿 만났었는데, 최근에는 아무래도 특수교육 선생님으로 일하다 보니 학교에서 유명한 기분왕을 가까이에서 접하게 된다.

　기분왕의 특징은 무엇인가? 첫째, 기분을 얼굴에 분명하게 나타낸다. '포커페이스(poker face)'라는 말은 그들에게 외계어에 불과하다. 둘째, 기분이 그들의 모든 것을 결정짓고 합리화한다. 예를 들면, 선생님이 자기를 기분 나쁘게 하면 공부를 안 하는 것이 당연한 듯 말한다. 친구가 자기를 쳐다봐서 기분이 상하면 험한 말을 내뱉거나 울음을 터뜨리는 것도 문제가 될 것 없다고 생각한다. 반대로 기분이 좋고 흥이 나면 춤을 추거나 노래를 부르느라 공부를 할 수 없다는 것은 너무나 당연한 일이 된다. 뭔가를 깜빡하는 것도 기분 탓인 것이다.

기분왕이 꼭 나쁜 영향을 끼치거나 결과를 만들어 내는 것만은 아니다. 어떤 경우에는 '왠지 공부할 기분'이 나서 평소 같으면 30분이 걸릴 수학 숙제를 10분 만에 해치우기도 한다. 갑자기 엄청난 에너지와 집중력으로 그럴듯한 성과를 이루어 내기도 한다. 그들이 가지는 특유한 유쾌함으로 분위기를 밝게 하거나 다른 사람들의 기분을 위로하기도 곧잘 한다. 다만, 이러한 경향이 안정적이지 않아 기분왕 주변의 사람들은 기분왕이 간만에 공부를 열심히 하거나 뭔가 생산적인 일에 몰두할 때조차도 불안한 마음을 가지게 된다.

기분왕이 잘 받아들여지는 문화나 사회가 있는가 하면, 그렇지 않은 공동체도 있는 듯하다. 곰곰이 생각해 보니, 한국은 기분왕이 충분히 기를 펴고 살 수 있는 사회인 것 같다. 기분에 따라 행동하는 것을 '악하다'라거나 '장애가 있다'라는 식으로 받아들이지는 않는다. 주변 사람들이 "쟤는 기분파야." 하고 인정해 주기도 한다. 그러나 내가 살고 있는 이곳 미국, 특히 애리조나는 아닌 것 같다. 'Calm down'이라는 말을 들어 보거나 내뱉은 적이 있는가? 우리말로 하자면 "진정해!" 정도의 표현이다. 한국 드라마를 보면 거의 기절할 정도로 울거나 미친 듯이 흥분한 상태여야 주변의 사람들이 진정하라고 달래는데, 미국에서는 선생님의 발표에 다 같이 큰 소리로 대답하는 것만으로도 선생님이 'Calm down!'이라고 주의를 준다. 즉, 평소보다 목소리 톤만 높아져도 이내 진정하라고 충고를 하는 분위기이다.

그래서인지 미국 드라마에서 큰 소리를 지르며 엉엉거리거나 서로 목소리를 높여 말싸움을 하거나 호탕하게 여럿이서 웃는 장면을 본 기억이 별로 없다. 반면에, 한국 드라마에는 기분왕이 소리 지르거나 엉엉 울거나 하는 장면들이 자주 나온다. 한때 대학원 공부를 하느라 눈물을 삼키며 방 구석에서 한국 드라마를 소리로만 들어야 할 때가 있었다. 들으려고 한 것은 아니었고, 집은 좁은데다 식구들이 거실의 TV를 너무 크게 틀어 놓아서 소리가 공부방까지 들렸던 것이었다. 그런데 거의 5분에 한 번씩 울음소리, 크게 싸우는 소리, 여럿이 떼지어 웃는 소리가 들렸다. 가족이 미국 드라마를 볼 때에는 전혀 들을 수 없는 소리였다.

학교의 기분왕 때문에 나는 매번 특별한 수업을 준비해야 한다. 우선 기분왕의 기분을 절대로 상하게 해서는 안 된다. 그들의 기분이 상하면 어떠한 감언이설이나 협박으로도 수업을 진행시킬 수 없다. 그들의 이성이 감정에 의해 많은 부분 통제되기 때문인 것 같다. 그래서 그들의 사적인 이야기를 들어 주기도 하고, 수업 내용이 매우 적고 가볍다는 것을 은근히 선전하기도 하고, 과한 칭찬 세례를 퍼붓기도 한다. 가급적 "안 돼!"라는 말을 피하고 이리저리 거절을 돌려서 표현하는 방법을 쓰기도 한다. 한번은 하교 시간이 다 되었는데, 보드게임에서 진 기분왕이 의자에 앉아 꼼짝 않고 우는 통에 무척 당황한 적이 있었다. 간신히 기분왕 손등에 스티커를 하나 붙여 주고 살살 달래 스쿨버스에 시간 맞추어 태울 수 있었다.

요즘은 나의 여러 가지 방법이 효과를 발휘하지 못해 드디어 교감 선생님에게 SOS 구조 요청을 하였다. 어쩔 수 없이 기분왕에게 최후통첩을 날려야 할 때가 온 것 같다. 그것은 바로 '똑바로 하지 않으면 교장실이나 교감 선생님 방으로 직행'이다. 제발 이 방법이 통했으면 한다.

기분왕이 최적의 능률을 발휘하며 공부에 집중할 수 있게 하는 방법은 명확한 규칙을 세워 주고 꾸준하고 안정적인 환경을 만들어 주는 것이라고 한다. 즉, 기분왕도 앉을 자리를 보고 자리를 펴는 경향이 있기 때문에 아예 기분대로 하지 못하고 법대로 하는 환경을 만들라는 이야기일 것이다. 말처럼 쉽지는 않지만 기분왕을 잘 받아 주지 않는 학교 시스템에서는 기분을 조절하는 훈련도 필요하다. 또 기분 때문에 공부를 잘하지 못하는 나의 제자들에게는 특별히 더 훈련이 필요하다. 한국인의 피가 흘러서인지 나도 기분왕인데 참 난감하다. 나도 역시 기분조절 훈련이 필요하다.

기분왕과 잘 살아가는 방법

… 기분왕의 기분은 수시로 변한다. 도대체 왜 지금의 기분인지 심령술사가 아니고서는 어머니조차도 알아맞힐 수 없다. 그러기에 기분왕과 지내는 사람들은 몇 가지 비책을 손에 쥐고 있어야 기분왕에게 휩쓸리지 않을 수 있다.

- 명확한 생활 규칙이 있어야 한다. 우리 학급에는 '경고 3번이면 무조건 교장실'이라는 규칙이 있다. 학급의 규칙을 어기는 경우에 경고를 받는다. 학급의 규칙은 딱 4가지이다. 규칙이 그 이상 많게 되면 폭동이 일어난다. 우리 학급의 규칙은 '친구들과 선생님들 존중하기', '선생님 지시를 즉시 따르기', '주어진 과제 다 끝내기', '자기 자리에 있기(교실에서 돌아다니지 않기)'이다. 만약 경고를 3번 받으면 학생이 아무리 울고불고 땅에 눕고 난리를 피워도 교장실에 데려다 놓는다. 이렇게 한번 하면 웬만한 상황은 절로 수습이 된다.
- 기분왕이 좋아하는 것들이 무엇인지를 알아 두었다가 그 취향을 존중하고 맞춰 준다. 예를 들면, 낮은 조명에 디즈니 만화를 좋아하는 학생이라면 그 학생의 수업 시간에는 교실을 좀 어둡게 하고, 학습지를 만들 때 디즈니

캐릭터를 넣어 준다.

- 기분왕의 기분이 영 꽝인 날은 쿨하게 수업을 안 한다. 선생님으로서 이것이 말이 되는가 반문하는 사람들도 있겠지만 정말 학생의 기분이 바닥까지 가라앉아 있거나 피곤이 극에 달해 있는 날은 학습의 효율이 오르지 않고 오히려 선생님과 학생의 관계만 나빠질 수가 있다. 이런 날은 함께 음악을 듣거나 색칠 공부를 하거나 대화를 나누거나 하는 편이 미래를 위해 훨씬 생산적이다.

- 기분왕의 태도에 너무 민감하게 반응하지 않는다. 기분왕이 건방진 태도를 보인다거나 불평을 왕창 쏟아 놓을 때, 버릇을 고치겠다고 훈계를 잔뜩 늘어놓거나 화를 내면 기분왕은 뼈아픈 가르침으로 받아들이기보다는 성격이 나쁜 선생님 정도로밖에 생각하지 않는다. 오히려 이런 상황에서는 어떤 것이 바른 태도인지를 조곤조곤 알려 주고 어떤 유익이 있는지를 제시해 주면 뜻밖에 행동들이 조금씩 나아지는 것을 본다. 언제나 긍정적인 대안을 제시해 주는 것이 먼저이다.

18
분노왕 + 기분왕 = 적대적 반항장애

'적대적 반항장애(oppositional defiant disorder)'라는 말을 들어 본 적이 있는가? 미국에서는 이것을 줄여서 ODD라고도 한다. 나는 10년 넘게 한국에서 어린이들과 함께 생활했지만 이러한 단어를 전혀 들어 본 적이 없었다. 미국에서 특수교육을 공부하고 나서야 이런 무시무시한 이름의 장애가 있다는 것을 알게 되었다. 어린이들이나 사춘기 청소년들과 함께 생활하는 사람들이 모두 질겁을 하는 단어 '적대적'과 '반항'이 동시에 들어간 이 장애는 도대체 어떤 것일까? 이 장애를 지닌 학생들은 어떤 모습을 하고 있는 것일까? 나는

ODD에 대해 공부하면서 심청전 속 심 봉사가 심청이를 만나자마자 눈이 번쩍 뜨인 것 같은 경험을 하였다. 과거에는 무지했고 깨닫지 못했던 것을 깨닫게 되고 알게 되었다는 뜻이다.

예전에 한국에서 일할 때, 옆 반 선생님을 고통과 절망으로 몰아넣었던 1학년 꼬마 학생이 왜 그렇게 행동하였는지를 비로소 깨닫게 되었다. 교사 회의를 할 때마다 1학년 미영이는 언제나 화제의 중심이었다. 오늘은 미영이가 선생님에게 상욕을 했다, 말대꾸를 했다, 어제는 수업 시간에 하라는 공부는 안 하고 딴짓을 했다, 그저께는 친구를 째려보며 협박을 했다 등이 주된 내용이었다. 1학년 학생의 귀엽고 순진한 행동들과는 전혀 거리가 먼 무시무시한 행동이었다. 옆 반 선생님의 하소연을 듣다 보면 미래의 사이코패스를 만나고 있는 듯한 느낌마저 들었다. 그 당시에는 왜 인자하고 성실한 옆 반 선생님에게 이런 일이 생기는가? 도대체 미영이의 어머니는 아이를 어떻게 교육시키길래 아이가 저런가, 정신병원에 가서 진단검사를 받게 해야 하나 등 별별 생각을 다 하면서 몹시 우울하고 무기력한 느낌을 가졌다.

한번은 교사 연수에 참석했다가 한 여선생님과 대화를 나누게 되었다. 그 선생님은 그 당시 극심한 스트레스로 휴직 중이었고 몇 달간 정신과 치료도 받았다고 했다. 스트레스의 원인은 바로 한 남학생 때문이었다. 선생님의 설명에 따르면, 5학년이었던 이 남학생은 수업 시간에 공부를 전혀 하지 않고 다른 학생들의 수업을 방해하며, 선생님이 야단을 치면 위협적으로 상욕을 했다는 것이다. 공부를 하지 않는 것까지는 그런대로 참을 만했는데, 공부 시간에 책상 위에서 공기놀이를 하면서 부스럭대기도 하고, 의도적으로 큰 소리를 내어 선생님이 수업을 도저히 이끌어 갈 수 없을 만큼 방해를 했다는 것이다. 이 여리디여린 선생님은 어찌할 바를 몰라 그만 극심한 스트레스로 휴직하게 된 것이었다.

그 당시에는 요즘 애들은 왜 이럴까? 세상이 망하려나? 등 아마추어적인 생각만 하였다. 그러나 ODD를 알게 된 순간 이 괴물 같았던 아이들의 행동이 도대체 무엇이었는지를 조금씩 알게 되었다. ODD, 다른 말로 '적대적 반항장애'는 한마디로 무조건 반항을 하는 성향을 지니는 것이다. 미국 심리학회의 『정신질환의 진단 및 통계 편람(DSM-5)』에 실린 설명에 따르면 적대적 반항장애란 "또렷하게 반항적이고 불복종적이며 도발적인 행동을 보이지만 규칙을 어기거나 타인의 권리를 침해하는 반사회적 행동 또는 공격적 행동이 두드러지지 않는 것"이다. ODD를 지닌 학생들의 특징은 어른의 요구나 규칙을 무시하거나 거절하기, 어른들과 논쟁하기, 고의적으로 남을 귀찮게 하기, 자신의 실수나 잘못된 행동을 남의 탓으로 돌리기, 남의 말에 쉽게 기분이 상하거나 신경질 내기, 화내고 원망하기, 앙심 품기이다.

놀라운 것은 ODD를 지닌 학생들은 보통 자신이 반항적이라고 생각하지 않고 모든 문제의 근원은 자신이 아니라 남이라고 생각하는 경향이 있다. ODD로 진단을 내리기 위해서는 앞에서 설명한 증상 중 네 가지 이상이 6개월 이상 지속되고 이러한 증상 때문에 학교, 가정, 직업 등에서 큰 지장을 받아야 한다. 이러한 증상이 형제 이외의 한두 사람을 대상으로나 또는 한두 장소에서만 나타나도 ODD로 진단을 내릴 수 있다.

그동안 좀 성격이 까칠한 아이, 악동 등으로만 생각했던 성향의 학생들이 사실 장애의 일종일 수 있다는 사실이 놀랍기만 하다. 부모들이나 선생님들이 흔히 저지르는 실수는 ODD를 가진 아이를 만나게 되면 아주 무섭게 훈육을 하거나 싸우기에 지쳐서 방치하거나 이들과 말싸움에 휘말리게 된다는 것이다. 가정에서는 "못된 송아지에게는 매가 약이다."라는 식으로 매를 때리게 되는데, 그렇게 되면 이 지구인들은 기가 죽기는커녕 더욱 사납고 악독하게 반항의 끝으로 치닫게 되기가 쉽다. 나중에는 매를 때리는 부모나 맞는 아이나 모두 악마가 되기도 한다. ODD를 지닌 지구인들 중 43%가 성장 후에 품행장애(conduct disorder)로 발전하며, 품행장애로 진단받은 지구인들 중 70~90%가 반사회적 인격장애(antisocial disorder)로 진행된다고 한다.

특수교육을 공부하면서 ODD 학생들을 다루는 교육방법들을 알게 되었다. 극심한 스트레스에 시달리던 옆 반 선생님과 교사 연수에서 만난 그 여선생님이 ODD가 무엇인지 그리고 그것을 지닌 지구인들을 어떻게 다루어야 하는지 알았더라면 얼마나 좋았을까? 그때 수고를 좀 덜 수 있었고, 학생과 선생님 모두가 조금 덜 불편했을 텐데 하는 생각이 들었다.

특수교육 선생님으로 처음 일을 시작했을 때 가르치던 교실의 다섯 살 된 학생이 보조 선생님에게 'F'로 시작하는 욕을 날렸다. 이유는 간식 가방을 치우고 나서 놀라는 당연한 지시를 하였기 때문이었다. 보조 선생님은 좀 놀라기는 했지만 차분하게 자기가 헛소리를 들었는지 아니면 진짜로 상욕을 들었는지 확인하는 질문을 한 뒤, 대응하였다. 다섯 살 꼬마에게 그런 말은 하지 말라고 훈육을 하고, 어머니에게 전화를 걸었다. 그 학생이 ODD를 가지고 있다는 것을 알고 있기에 "내가 무능한 선생님이어서 다섯 살짜리에게까지 얕보이는 것인가?" 하는 쓸데없는 자괴감에 빠지지 않았고, 어린 학생의 어머니와 가정교육을 원망하지 않았으며, 오히려 학생을 불쌍히 여기는 마음마저 가지게 되었다. 아는 것이 힘이다! 모르면 스트레스를 받는다! 이것이 내가 '적대적 반항장애'로부터 얻은 교훈이다.

적대적 반항장애 학생들과 잘 지내는 방법

• 명확한 규칙을 정하고 지킨다.

적대적 반항장애를 지닌 학생들은 권위를 가진 사람들을 화나게 하려는 성향이 있다. 그래서 "선생님이 말하고 있잖니! 선생님 말을 잘 들어야지!" 또는 "교장 선생님 불러온다." 등의 말은 통하지 않는다. 항상 주도권을 쥐려고 하는 성향이 있으므로 선생님의 지시나 말을 따르라고 하기보다는 우리가 서로 합의해서 결정한 규칙을 따라야 한다고 설득하면 그나마 규칙을 따르려고 한다.

• "아니!", "안 돼!", "그만해라." 등의 말을 피한다.

처음 이러한 코치를 받았을 때 다소 황당하다고 생각했다. 선생님으로서 어떻게 학생들에게 "아니!", "안 돼!", "그만해라."라는 말을 안 할 수 있단 말인가. 그것이 진정한 교육인가라는 의문까지 들었다. 아이들을 사탕발림하려고 가르치는 것인가까지도 생각하였다. 그러나 곧 깨달았다. "아니!", "안 돼!", "그만해라."라는 말을 다른 식으로 표현하라는 뜻이라는 것을. 그리고 내가 지금 가르치고 있는 학생들은 일반적인 화법이 아닌 대안적인 화법으로 다루어야 한다는 것을 말이다. "이 활동을 먼저 하고 네가 원하는 그것은 이것 다음에 하자.", "네가 원하는 그것은 내일 할 수 있단다." 또는 "이것을 먼저 해야만 다음 활동의 선택권이 주어진단다.", "한번 고려해 보자." 등으로 학생의 의견을 충분히 알아들었고, 고려하고 있다는 인상을 심어 주어야 한다. 예를 들면, 조슈아가 "선생님, 이 거지 같고 바보들이나 하는 수학 문제 풀기 싫어요. 안 풀래요."라고 말했을 때, "이 녀석이 어디서 배워 먹은 말버릇이야? 얼른 풀어!"라고 대답하면 조슈아의 작전에 말려드는 것이다. 대신에 "우리 조슈아, 이 수학 문제가 어렵게 느껴지는구나. 먼저 이 중에서 문제 3개만 골라서 풀어 보고, 그 다음에 더 풀지 말지를 생각해 볼까? 네가 풀고 싶은 문제를 골라 보자. 이 문제들을 풀어야 친구들과 간식 시간에 참여할 수 있단다." 또는 "수학 문제 풀기와 그림 그리기 중에 어느 것을 먼저 할래? 먼저 이 종이에 1분간 그림 한 장을 그리고, 수학 문제를 풀까? 네가 정하렴."이라고 가짜 결정권을 준다.

• **지시어를 명확하고 분명하게 한다. 행동에 관한 결과가 무엇인지 학생이 정확히 알게 하며 절대 물러설 수 없는 선을 명확하게 한다.**

예를 들면, 친구에게 욕을 한 바가지 한 아이작에게 선생님이 사과를 하라고 지시한다. 아이작은 사과하기를 거부하며 상대방이 먼저 이런저런 잘못을 하여 자기는 욕을 퍼부을 수밖에 없었다는 변명을 늘어놓는가 하면, 욕을 안 했다고 거짓말을 시작한다. 선생님은 화가 화산 폭발처럼 끓어 오르겠지만 마음을 차분히 가다듬고, 다음의 말을 한다.

"아이작, 소피아의 얼굴을 똑바로 쳐다보고 욕한 것에 대하여 대단히 미안하고 용서해 달라고 사과하렴. 사과하지 않으면 다음 놀이 시간에 생각 코너에서 반성하며 앉아 있게 된다."라고 차분히 말한다. 아이작은 끝까지 사과하지 않으며, "사과하는 것이 전부는 아니에요. 진정한 사과는 말로 표현하는 것이 아니에요." 라며 어딘가에서 주워 들은 드라마 대사를 읊조리며 반항을 하기 시작한다. 이때 선생님은 "어디서 주워 들은 엉뚱한 소리를 지껄이는 거야? 그 말은 그 뜻이 아니야!" 하며 훈계하고 싶은 유혹에 휩싸인다. 그러나 멈춰야 한다. 기억하라. 절대 말싸움에 엮여 들어가서는 안 된다. 단순하게, 고장 난 라디오처럼 "사과하지 않으면 다음 놀이 시간에 생각 코너에서 반성하며 앉아 있게 된다. 기억하지. 선생님의 지시에 즉시 따르지 않으면 경고를 받는다는 것을. 경고를 받으면 생각 의자에 앉거나 활동에 참여할 수 없다는 것도 알고 있겠지."라며 규칙을 무한 반복하여 말한다.

만약 아이작이 생각 의자에 앉지 않으려고 도망가거나 물건을 던지거나 바닥에 주저앉아 돌덩이처럼 꿈쩍을 하지 않는다면 옆 교실 선생님을 부르거나 심지어는 생각 의자를 아이작 쪽으로 가지고 와서 아이작의 공간을 생각 공간으로 만든다. 그렇게 해서라도 규칙 위반에 대한 대가를 치르게 한다.

19
좋아하는 것만 집중이 잘돼요
- ADHD

"선생님, 오늘은 기분이 꿀꿀해서 공부가 안 돼요." 아미야가 교실에 들어서자마자 자랑스러운 듯 큰 소리로 말했다. 아미야는 자리에 앉아서는 최신 유행가를 흥얼거리더니 몸까지 흔든다. 옆에 앉아 있던 사샤도 이 바람을 타고 같이 노래를 부르다가 뜬금없이 휴일에 여행 갈 계획을 말한다. 말을 멈추지 않는다. 입에 오토바이를 단 것 같다. 그러다가 나에게 어제 TV에서 본 춤을 한번 선보이고 싶다는 황당한 제안을 한다.

"얘들아, 진정해라. 지금은 수학 시간이니 어서 마음을 가

다듬고 수학 문제를 풀어 보자." 어떻게든 아이들을 다독여서 공부를 하려고 하지만, 오늘은 왠지 순탄하지 않을 것 같다는 불길한 예감이 든다. 날씨가 흐린 탓인지 아이들이 더욱 들떠 있고 감정의 기복이 심하다. 할 수 없이 치사해 보이지만 '당근과 채찍' 전략을 사용한다.

"너희들, 이렇게 선생님 말 안 듣고 계속 노래를 부르고 수다를 떨면 경고를 줄 거다. 경고 3번이면 교장실에 가는 것 알고 있지! 하지만 다시 집중하고 문제를 풀면 스티커 3개 받을 수 있단다. 2주 동안 스티커 25개만 모으면 과자, 10분간 컴퓨터 게임, 색칠 공부 중에서 하나를 고를 수 있는 것 다들 기억하고 있겠지!" 그나마 아이들이 지금 풀어야 할 수학 문제들이 아주 단순한 덧셈 뺄셈 문제들이기에 아이들은 채찍과 당근 전략에 꼬리를 내리고 문제를 풀기 시작했다. 그러나 문제 푸는 속도는 그야말로 거북이가 울고 갈 정도이다. 아이들 옆으로 다가가 손가락으로 지금 풀고 있는 문제를 하나하나 짚어 주면 문제 푸는 속도가 다소 빨라지지만, 그렇지 않고 말로만 재촉하게 되면 소 귀에 경 읽기 꼴이 된다. 문장으로 된 수학 문제, 글자나 숫자가 너무 많이 쓰여 있는 학습지를 들이밀었다가는 격한 거부 반응에 역풍을 맞는다. 문제 풀기 싫다고 바닥에 뒹굴거나 5학년씩이나 되어도 유치원생처럼 떼를 쓰기도 한다. "싫어요, 안 풀 거예요. 전 특수아예요. 난 바보라고요. 어쩌라고요." 등의 황당한 반응을 맞이하게 된다.

내가 가르치는 아이들 중 많은 아이가 ADHD 진단을 받았다. 이 아이들을 만나기 전까지 나는 ADHD가 그냥 집중력이 부족하거나 부산하게 움직임이 많은 정도인 줄로만 알고 있었다. 예전에 한국에서 가르친 학생들 중 몇몇이 ADHD 진단을 받았기에 그들을 통해 ADHD를 어느 정도 알고 있다고 생각했었다. 그러나 학교에 있는 동안 매일매일 ADHD를 지닌 학생들을 만나고 그들을 직접적으로 가르치면서 나는 요즘에야 비로소 ADHD를 새롭게 배워 나가고 있는 중이다. 그러면서 그동안 내가 잘못 알고 있었거나 모르고 있던 사실들을 발견하면서 이러한 것들을 여러 사람과 나누고 싶다는 생각이 들었다.

첫째, ADHD는 고칠 수 있는 병이나 성장하면서 없어지는 성장통이 아니라 성격이나 특성처럼 평생 그 사람 속에 존재하는 성향이라는 것이다. 다만, 나이가 들면서 여러 사람의 눈에 덜 띄는 쪽으로 증상이 내면화될 뿐이다.

둘째, ADHD는 단순히 집중력이 부족하고 행동이 부산한 특성을 나타내는 것은 빙산의 일각이라는 것이다. 문제의 근본은 인간의 행동과 의사결정을 내리는 전두엽의 실행기능이 일반 사람들과 달라서 각종 자극을 차단하거나 자극에 대한 반응을 절제하지 못하면서 여러 가지 불편한 문제들이 발생하게 되는 것이다. 다시 말해, '행동이나 감정, 반응을 절제하지 못하는 것'이 주요한 증상이라는 것이다. 이것이 왜 문제가 되느냐? 이것저것 쓸데없는 갖가지 상황과 환경에 반응을 보이느라 뇌가 너무 바빠서 머릿속에서 충분히 생각하고 계획할 시간과 여유가 없어지게 된다는 데에서 문제가 발생하게 된다. 한 가지 일을 꾸준하고 끈기 있게 할 수 없게 되고, 시행착오를 통해 배운다거나 자신의 행동에 대한 결과에 대해 전혀 생각할 수 없게 된다. 한마디로 머릿속이 무질서하게 되는 것이다. 그런데 머릿속만 무질서한 것이 아니라 정리 정돈을 매우 힘들어하고, 정리 정돈이 잘 안 되므로 물건을 잘 잃어버리고, 과제나 날짜, 약속 시간 등은 잊어버리기 일쑤이다.

셋째, ADHD는 격한 감정 반응을 보인다는 것이다. 작은 일에 지나치게 화를 내거나 상대방을 화나게 하는 말을 내뱉는다. 때로는 온 세상이 자기를 미워한다는 생각을 품고 있는 것이 아닌가 하는 의심이 들 정도로 사소한 일에 화를 내기도 한다. 더불어 ADHD를 지닌 학생들 중 2/3 이상이 한 가지 또는 그 이상의 다른 장애도 동반한다는 것은 이미 특수교육계에서는 잘 알려진 사실이다. 한 자료에 따르면* ADHD를 지닌 학생들 중 46%가 학습장애를 지녔고, 27%는 적대적 반항장애, 18%가 불안증, 14%가 우울증, 6%가 자폐 스펙트럼장애 그리고 1.3%가 투렛증후군을 동반하고 있다.

이러하니 ADHD를 지닌 색다른 학생들에게는 일반적인 학생들을 양육하고 가르칠 때와는 다른 방법을 가지고 접근해야 한다. 단순히 "너를 학교에 보내느라 고생하는 부모를 생각해서라도 열심히 공부해라.", "너, 이러다가 대학 가겠냐?", "지난번처럼 한번 혼나 볼래?" 등의 고전적인 방법을

---

*저자 주) Kutscher 박사가 쓴 『Kids in the syndrome mix of ADHD, LD, Autism Spectrum, Tourette's Anxiety, and more』에 따른 내용이다.

가지고 도전했다가는 거지꼴이 되어 후퇴하기 십상이다.

본인에게 또는 가족 중 한 사람에게 ADHD 성향이 짙게 있다면 어떻게 해야 하는가? 덤벙거리기를 잘하고, 무엇이든 까먹고, 정리 정돈을 잘 못하고, 집중이 잘 안 되고, 싫증이 잘 나고, 불끈불끈 화를 참지 못하는 성미라면 어떻게 할 것이냐는 말이다. 이러한 성향을 가진 사람 본인도 괴롭지만, 주변 사람들은 더욱 괴롭다. 참다못해 주변에 있는 사람들은 서서히 뺑덕어멈, 악덕 매니저가 되어 가기도 한다. 이것은 ADHD 성향의 사람과 함께 생활을 해 본 적이 없는 사람들은 도저히 이해하지 못할 상황일 것이다. 그러나 ADHD를 지닌 자녀를 가진 부모들은 이 말에 100% 공감할 것이다.

어른이나 아이나 할 것 없이 ADHD를 지닌 사람이라면 가장 먼저 해야 할 것은 주변 환경을 단순하고 간결하게 정리한다. 뇌 속에서 자극이 차단되지 않으므로 환경을 되도록 단순하게 정리하여 최대한 집중을 할 수 있게 만들어야 한다. 주변 환경뿐만 아니라 일상생활의 스케줄도 최대한 규칙적이고 단순하게 하는 것이 큰 도움이 된다. 방과 후에 여기저기 왔다 갔다 하는 것을 최대한 피하고 한두 가지 일에 충분한 여유와 시간을 가지고 집중할 수 있게 스케줄을 계획하고 실천하면 삶이 한결 편안해질 것이다.

내가 아는 한 학생, 미국에서 살고 있는 그는 초등학교 저학년 때 ADHD 진단을 받고 온 가족이 부단히 '단순한 삶'을 실천한 끝에 고등학생이 된 지금은 이제 더 이상 특수교육의 도움을 받지 않게 되었다. 그 학생의 일상을 들여다보면 이러하다. 학교에 갔다 와서는 과제를 한 시간 정도 한다. 학교의 배려로 한 시간 정도에 끝낼 수 있는 정도의 과제를 받아온다. (미국에서는 ADHD 진단을 받은 학생의 경우, 504 Plan이라는 문서를 작성하여 학교생활 전반에 배려를 받을 수 있다.) 일반학생들과 같은 과제를 하게 되면 한도 끝도 없이 시간을 끌게 되므로 선생님과 상의해서 그렇게 정한 것이다. 매일 과제를 한 후에는 간단히 저녁 식사를 하고 어머니, 동생과 함께 식탁에 둘러앉아 보드게임을 하였다. 매주 수요일 저녁에는 교회에 가서 친구들과 어울리고, 일주일에 두세 번씩 학교 육상부에서 훈련을 받았다. 수년간 똑같은 스케줄로 반복된 생활이었다. 학교에 있는 여러 가지 클럽 활동 중에 육상부를 택한 이유는 경기 규칙과 훈련 과정이 단순하여 집중하기가 쉽고, 친구들과 부딪히거나 싸울 가능성이 적기 때문이다. 어떤 부모들은 친구들과 어울리는 방법을 배우라는 취지에서 축구나 농구, 또는 토론 클럽 등 여럿이 어울리는 활동에 참여시키기도 하는데, 오히려 친구들과 더 많이 싸우거나 잘 적응하지 못하고 중간에 그만두는 경우가 생기기 쉽다.

자녀가 ADHD 진단을 받았다면 학교에 504 Plan을 요청할 수 있다. ADHD의 경우, 미국의 「장애인교육법」에 규정된 장애에 해당하지 않기 때문에 ADHD만을 가지고는 특수교육 서비스를 받을 수 없다. 대신에 학습장애나 적대적 반항장애, 언어장애 등 다른 장애와 ADHD가 함께 나타나는 경우에는 '기타 건강장애'로 분류되어 특수교육 서비스를 받게 된다. ADHD만 있는 경우에는 특수교육 서비스 대신에 504 Plan이라는 서비스를 받을 수 있다. 504 Plan이란 쉽게 말해, 일반학급에서 원활하게 학습활동을 할 수 있도록 여러 가지 지원을 받을 수 있도록 하는 공적이고 법적인 장치이다. 학교 측과 학부모가 상의하여 ADHD를 지닌 자녀를 위해 어떤 물리적인 도움을 줄지 정해 두는 계획안인 것이다. 예를 들면, 교실에서 항상 선생님과 가까운 곳에 자리 배치를 받을 수 있도록 한다든지, 시험을 볼 때 시간 제한 없이 조용한 공간에서 시험을 볼 수 있도록 배려를 받는다든지, 숙제나 과제를 제출할 때 하루나 이틀 정도 더 여유 날짜를 받는다든지 하는 것이다. 학교에 요청하여 504 Plan을 받게 되면, 학년이 바뀔 때마다 학교에 이러한 배려를 따로 요청할 필요 없이, 자동으로 이러한 서비스를 받게 되는 것이다. 이 외에도 집중하는 데 도움이 되는 특수 의자를 받는다든지, 아니면 교실에서 왔다 갔다 해도 선생님들이 이해해 준다든지 하는 도움이나 보호를 받는다. 특수교육과 504 Plan의 차이점은 특수교육이란 특수교육 선생님 자격증이 있는 전문가가 특별한 교육지도를 제공하는 데 비해, 504 Plan은 추가적인 교육 서비스를 제공하는 것이 아닌 환경적 또는 도구적 지원과 도움을 제공하는 것이라는 점이다.

ADHD가 있는 자녀는 정리 정돈하고 계획하는 것을 도와주어야 한다. 혼자서 정리하게 내버려 두면 어디서부터 어떻게 정리해야 하는지 알지 못해 정리를 아예 안 하게 된다. 그러므로 무엇을 어떻게 할지 함께 의논하고 차근차근 도와주어야 한다. 책과 공책에 라벨을 붙이고, 되도록이면 공책은 한 권으로 단순하게 쓰도록 하며, 시험 공부 및 큰 프로젝트 과제 등은 세세하게 일일 공부량과 과제량을 정해 주어 매일 조금씩 할 수 있도록 도와주어야 한다. 포스트잇이나 메모지를 적극 활용하여 항상 메모하고 확인하도록 훈련시키면 많은 도움이 된다.

ADHD로 인해 약을 먹어야 할지 말아야 할지 고민하는 사람들이 상당히 많다. 나는 약을 절대로 먹어서는 안 된다는 사람도 만나 보았고, 약을 먹고 삶의 질이 굉장히 향상되었다는 사람도 만나 보았다. 약으로 인해 부작용을 겪고 있는 학생들도 보았다. 전문가들은 ADHD로 인해 먹는 약은 눈이 나쁜 사람이 안경을 쓰는 것과 같다고 한다. 안경이 근본적인 시력을 좋아지게 하는 것은 아니지만 안경을 씀으로써 사물을 또렷하게 볼 수 있고 많은 도움을 받을 수 있다. 마찬가지로 ADHD 약은 ADHD를 고치거나 없애지는 않는다. 그러나 약을 먹게 되면 집중을 잘하고 차분해지는 효과가 있고, 배가된 집중력과 차분함 때문에 과제를 빨리 끝내고 야단을 덜 맞고 성취감을 느껴 자존감이 높아질 수 있는 것이다. 약을 먹고 식욕이 떨어지거나 수면 리듬이 깨지고 병든 닭처럼 축 늘어지는 학생도 보았다. 또 약을 먹는다고 다 효과를 보는 것도 아니다. 자신에게 맞는 약을 찾는 과정도 겪어야 한다. 그러므로 ADHD로 인해 약을 먹을 것인가 말 것인가는 순전히 본인과 부모의 결정에 달려 있다. 이것에 대해 제3자가 옳다 그르다 판단하는 것은 삼가야 할 일이다.

ADHD, 이제는 낯설지 않은 이름이다. ADHD 성향의 사람들을 이웃으로 만나거든 품고 이해해 주자!

··· ADHD 학생들은 정리 정돈과 시간관리에 많은 도움을 필요로 한다. 눈과 귀를 통해 들어오는 각종 자극을 적절하게 분별하여 통제하는 능력이 일반인과 다르기 때문에 옆에서 이러한 자극이 최소한이 되도록 환경을 간결하고 단순하게 정리해 주는 것이 많은 도움이 된다. 이를 위해 다음과 같은 사항들을 고려해 볼 수 있다.

- 몸과 마음이 피곤하지 않게 한다. 하루의 스케줄을 단순하게 하고 방과 후, 집에 와서 충분한 시간을 가지고 과제를 하게 한다. 학원 이곳저곳을 돌아다니거나 많은 것을 배우는 것이 비효율적일 수 있다.
- 휴대전화에 알람을 설정하여 알람이 울릴 때마다 무엇을 해야 할지 스케줄 표를 보고 확인하게 한다.
- 공책, 가방, 옷을 간편하고 간소화한다. 수시로 메모하는 습관을 길러 주고, 되도록이면 공책도 한 권, 가방도 하나로 통일하여 잃어버리지 않도록 한다.
- ADHD 학생들은 많은 경우, 적대적 반항장애, 우울증, 자폐스펙트럼장애를 동반한다. 집중력이 부족하고, 충동적으로 행동하며, 물건을 잘 잃어버리고, 화를 잘 내며,

말싸움을 잘하는 성향이 한꺼번에 나타나는 경우가 심심치 않게 많다는 것이다. 그러므로 잘못을 탓하거나 부정적인 말을 건네기보다는 매사에 앞으로 어떻게 할 것인지 지금 이 순간 무엇을 해야 하는지를 간결하게 말해 주는 것이 더 도움이 된다.

• 평소에 스스로의 감정이나 상태를 말로 잘 표현하고 잠깐 멈추어 자신을 돌아보는 훈련을 하게 한다. 화가 났을 때 심호흡을 크게 하고 1분간 눈을 감고 앉아 있게 한다든지 상대방에게 잠깐만 시간을 달라고 말하고 자리를 피한다든지 하는 기술들을 가르쳐 준다.

20
들을 귀 있는 자는 들으라 - 난독증

청력이 좋지 않아 보청기를 사용해야 하지만, 보청기를 끼면 소리만 크게 들릴 뿐 이상하게 사람의 말소리는 잘 못 알아듣겠다고 하면서 보청기를 잘 안 끼는 어르신을 본 적이 있는가? 이러한 현상을 이상히 여기지 말라. 보청기를 끼고 사람의 목소리를 알아듣기 위해서는 상당한 적응 기간이 필요하다.

인간의 뇌에는 여러 소리 중 사람의 목소리를 특별히 구별해서 인식하는 기능이 있다. 그런데 보청기를 끼게 되면 과학적인 이유는 잘 모르겠지만 이러한 구별 기능이 잘 작동하지 않기 때문에 사람의 목소리를 다른 소리들과 구별해 내기 위해 적응하는 훈련이 필요하다. 내가 예전에 맡았던 학생 중, 청력에 이상이 있다는 사실을 유치원에 다니면서 발견하여 특수 보청기를 그때부터 낀 아이가 있었다. 그 아이의 어머니는 아이가 집에서는 쌍둥이 형제와 손뼉을 치며 잘 놀기에 유치원을 다니기 전에는 청력에 이상이 있다는 사실을 미처 발견하지 못했다. 이 아이는 초등학교 저학년 까지 학업을 매우 힘들어했다. 왜냐하면 보청기를 낀 지 2~3년이 지난 후에야 비로소 사람의 말소리를 잘 알아들을 수 있었기 때문이다. 그러니 유치원에 다닐 때 2~3년간은 보청기를 꼈지만 선생님의 설명이나 친구들의 말소리를 청 력이 아닌 입 모양이나 글자를 보고 어렴풋이 이해하는 정 도였던 것이다.

난독증(難讀症, dyslexia)이라고 들어 보았는가? 간단히 말해, 책을 잘 읽지 못하고, 읽더라도 무슨 뜻인지 이해하는 능력이 떨어지는 증상을 말한다. 난독증은 특정학습장애에 속한다. 그래서 미국에서는 난독증이 있는 학생들은 학교에 서 학습장애라는 장애명으로 특수교육 서비스를 받게 된다.

난독증에 관심을 가지게 된 계기는 난독증이 '보기'보다는 '듣기'의 문제로 생기기도 하는 장애라는 것을 알게 된 후부터이다. '읽기 프로그램' 교사 교육에 가서 알게 된 놀라운 사실이었다. 난독증은 청력에 이상이 있는 것은 아니지만 말소리를 들을 때 발음을 정확하게 구별해서 듣지 못하는 것과 관련 있다는 것이다. 즉, 들은 소리를 뇌에서 처리하는 데 뭔가 오류가 있다는 말이다. 예를 들면, 'CAT'라는 단어를 듣게 되면 보통 사람들은 무의식적으로 'C', 'A'와 'T' 소리를 구별해서 듣게 된다. 이것을 음운 인식이라고 한다. 또 글자를 배우면서 '크'라는 발음은 'C'나 'K'라는 글자와 관련이 있다는 것을 배우게 된다. 그래서 종이에서 'C'나 'K'를 보게 되면 자연스럽게 관련된 발음이 떠오르게 되고, 반대로 어떤 발음을 듣게 되면 그와 관련된 문자가 머릿속에 떠오르게 되는 것이다.

그런데 난독증이 있는 사람들의 경우, 우선 단어나 문장을 들을 때, 각 단어를 이루고 있는 자음과 모음의 소리들을 구분해서 인식하지 못하므로 자음과 모음을 나타내는 글자를 연결 짓지 못하게 된다. 그러니 글자를 봐도 이 글자가 나타내는 소리를 생각해 내지 못하게 되고, 글자를 코드처럼 해석할 수 있는 것이 아니라 그림같이 보이는 것이다. 난독증을 지닌 학생들의 경우, 단어 자체를 그림처럼 암기하여 쉬운 책을 읽기도 한다. 하지만 책의 수준이 조금만 높아지면 단어 모양을 보고 대충 외워 둔 단어들이 아닌, 길고 어려운 단어들을 읽을 길이 없어져 모양이 비슷한 다른 단어로 은근 슬쩍 바꿔서 읽거나 모르는 단어를 빼고 아는 단어만을 읽어 버리는 행동을 보이기도 한다. 또 알고 있는 단어 모양들을 이리저리 짜 맞추어 단어를 읽어 내느라 시간이 너무 많이 걸려서, 즉 단어를 소리 내어 읽는 데 너무 많은 에너지와 시간이 들다 보니 앞서 읽은 지문의 내용은 다 까먹는 일이 빈번히 일어나게 된다.

난독증을 치료하는 방법도 매우 흥미로웠다. 학생에게 알파벳 글자가 하나씩 적힌 카드를 차례로 보여 주면서, 카드를 치우고는 눈을 감고 머릿속에 글자와 소리를 떠올리는 훈련을 계속 시킨다. 예전에도 말했다시피, 학습장애를 지닌 학생들의 공통점은 '머릿속에 떠올리기', 즉 '상상의 나래 펼치기'가 잘 안 된다는 것이다. 의도적으로 학생들이 어떤 소리를 들었을 때, 그 소리에 해당하는 알파벳 글자가 머리에 떠오르도록 훈련을 시키는 것이다. 이것이 되어야지만 글자를 보고서 여기에 해당하는 소리가 생각나게 되고, 소리의 조합들이 빨리 이루어져 마침내 단어를 읽게 된다는 것이다. 이러한 훈련을 거쳐 학생들이 어느 정도 책을 소리 내어 읽게 되면, 글의 한 단락을 읽고 그 내용을 머릿속에 상상해 보는 훈련도 시킨다. 이 훈련법을 전수하는 강사는 책을 읽기 전에 문학 작품을 원작으로 만든 영화를 보는 것을 안 좋은 방법이라고 했다. 왜냐하면 일단 영화를 보게 되면, 책을 읽을 때 머릿속에 떠올리는 것이 불가능하게 되기 때문이다.

난독증에 대해 알아가기 전까지 '듣기'가 이렇게 중요한 것인지 전혀 몰랐다. '보기'가 '듣기'보다 훨씬 더 중요하다고 생각했었는데, 막상 특수교육을 공부하다 보니 '듣기'가 '보기'만큼이나 중요하다는 사실을 깨닫게 된다. 또한 듣고 있다고 해서 다 이해하는 것은 아니고 성경에 나온 것처럼 '들을 귀'가 있어야 들은 내용이 머릿속에 입력된다는 사실도 알게 되었다. '듣는다'는 것은 씨앗을 머릿속에 심는 것이나 마찬가지이다. 들은 것이 있어야 볼 수 있게 되는 것이다. 특히 언어발달과 교육에서는 말이다. 아름다운 말, 노래 그리고 좋은 목소리를 많이 들어야겠다. 그래야 아름다운 것을 볼 수 있을 것이라는 바람에서 말이다.

21
뇌전증

뇌전증(腦電症, epilepsy)은 간질의 새로운 이름이다. 2009년에 대한뇌전증학회에서 사회적 인식 개선을 위해 그동안 '간질'로 불렸던 병을 '뇌전증'이라고 부르기로 했다. 뇌전증에 대해 누구나 한두 마디씩은 들어 보았을 것이지만, 잘못 알려진 내용들도 많고, 막상 주변에 뇌전증을 앓고 있어서 발작을 일으키는 사람을 보게 되면 어떻게 대처할지 몰라 쩔쩔매는 경우가 많다.

나는 한국에서 교직 생활을 하면서 뇌전증이 있는 학생들을 몇 명 접한 적이 있었다. 많은 부모가 숨기고 있어서 그렇지, 아이가 경련을 일으켜서 병원 응급실에 급히 뛰어간 경험이 있거나 아니면 일주일에 한두 번씩 밤에만 경련을 일으키는 자녀를 둔 경우는 심심치 않게 만날 수 있다. 예전에 가르쳤던 한 학생은 초등학교 1학년 무렵에 뇌염을 앓은 후, 갑자기 발작을 심하게 그리고 자주 하게 되었다고 했다. 급기야는 학교를 다닐 수 없을 지경까지 이르러 한 학기를 휴학한 후, 그다음 학기에는 오전 수업만을 하고 집에 가고는 했었다. 새 학년 첫날, 체육관에 학생들이 모여 새로운 반과 선생님을 만나는 시간이었는데, 그 학생이 갑자기 발작을 일으키며 쓰러졌던 기억이 난다. 그 당시에는 너무나 당황스럽고 어찌할 바를 몰라 다들 우왕좌왕했었다. 그 이후로도 몇 번 학교에서 경련을 일으키며 쓰러졌지만 학교 차원에서 그 학생을 위한 대책이나 뇌전증에 관한 교육을 받은 기억은 없다. 다만, 간간이 학생의 어머니가 학생이 지금 어떤 치료를 받고 있고, 어떤 이유에서 뇌전증이 생겼는지를 설명해 주셨을 뿐이다.

또 다른 경험도 있다. 이 또한 한국에서의 일이다. 1학년 담임을 할 때였다. 뇌성마비, 유전병 그리고 뇌전증을 동시에 지닌 학생이 우리 반이 되었다. 워낙 체구가 작고 약하여 학교에서도 늘 지원실 보조 선생님의 돌봄을 받았다. 그런데 그 학생이 경험하는 뇌전증은 우리가 보통 생각하는 심한 경련을 일으키고 입에 거품을 물고 쓰러지는 그런 종류의 것이 아니라 갑자기 멍한 표정이 되면서 의식이 약 5~10초간 나갔다 들어오거나 아니면 순간적으로 온몸에 힘이 빠지면서 의식을 잃고 몸이 젖은 빨래처럼 축 늘어지는 형태의 것이었다. 문제는 이러한 상태가 하루에도 10번 넘게 반복된다는 것이었다. 만약 이런 증상이 나타났을 때 의자에 혼자 앉아 있거나 아니면 서 있는 상태라면 넘어져서 머리를 다칠 위험이 있는 것이었다. 게다가 뇌전증 발작이 5분 이상 계속되면 응급조치를 해야 하는 상황이어서 수업 중에도 계속 그 학생을 쳐다보며 매 순간 긴장했던 기억이 난다.

요즘 내가 뇌전증에 대해 깊은 관심을 갖게 된 이유는 지금 일하고 있는 이곳 미국의 초등학교에서 뇌전증을 지닌 학생을 담당하고 있기 때문이다. 뇌전증도 특수교육 대상 장애이다. 미국에서는 특수교육 대상 장애 중 기타 건강장애(other health impairment)에 해당된다. 대한민국에서 뇌전증은 '건강장애' 범주에 속한다. 미국에서 기타 건강장애로 특수교육 대상자가 되려면 전문의의 진단서가 있어야 하고 건강상의 이유로 특별한 교수법과 서비스를 받아야만 정상적인 학교생활을 유지할 수 있다는 것이 증명되어야 한다.

아밀리아는 작년에 바로 기타 건강장애로 특수교육 대상자가 되었다. 그 전까지는 뇌전증을 앓고 있었지만 특수교육 대상자는 아니었다. 그런데 아밀리아의 증세가 요즘 들어 심해지고 뇌전증으로 독한 약을 복용하게 되면서 아밀리아의 기억력이나 학습능력이 눈에 띄게 떨어지게 되었고, 결석도 많이 하게 되어 아밀리아의 어머니가 여러 방면으로 학교 관계자들을 설득하고 자료를 준비하여 드디어 특수교육을 받게 된 것이다. 아밀리아의 첫 IEP 미팅 때에는 특수교육 선생님, 담임 선생님, 교장 선생님, 교육청 소속 간호사 그리고 부모님이 참석하여 아밀리아의 건강 상태와 뇌전증에 대해 깊이 있는 이야기를 나누었다. 그때 교육청 소속 간호사가 아밀리아의 주치의의 이름을 묻고는 부모한테 주치의에게 직접 의료 기록을 요청할 수 있는 허락을 받았다.

교육청 소속 간호사는 아밀리아의 주치의와 직접 통화를 하거나 이메일 등으로 연락하여 아밀리아가 어떤 상태인지, 복용하는 약은 무엇인지, 응급 시 어떤 조치를 취해야 하는지를 의논하고 이에 대한 기록을 학교 보건실에 비치해 두었다.

요즘 아밀리아는 뇌전증 증세가 많이 심해져서 곧 수술을 앞두고 있다. 학교에서도 매일 크고 작은 발작이 일어나고 이번 학기에 구급차를 두 번이나 부르는 상황이 벌어졌다. 그런데 학교 선생님들과 아밀리아 반 친구들은 크게 당황하지 않았다. 왜냐하면 이런 상황이 생겼을 경우에 어떻게 행동해야 할지 미리 교육을 받았기 때문이다. 일단 아밀리아 옆에는 항상 어른이 있기로 했다. 대부분 보조 선생님이 아밀리아 옆을 지키고 있지만, 요즘 같이 학교를 갑자기 그만두는 보조 선생님이 많을 때에는 때때로 특수교육 선생님이 수업을 전폐하고 아밀리아 옆에 있기도 하고, 교장 선생님이 지키고 앉아 있기도 한다.

아밀리아가 발작을 일으키기 시작하면 아밀리아 곁에 있는 어른이 크게 박수를 치기로 했다. 박수 소리를 듣게 되면 교실에 있던 친구들과 담임 선생님은 다 교실 밖으로 나간다. 어디로 가야 하는지는 정해 놓지 않았다. 그것은 그때그때 정하기로 했다. 교실을 비워서 아밀리아의 사생활을 보장하고 아밀리아가 안정을 취하는 것을 우선으로 삼기로 했다. 이와 동시에 무전기로 특수교육 선생님과 보건 선생님에게 도움을 요청한다. 이때 절대로 아밀리아의 이름을 말해서는 안 된다. 다만, 교실 위치와 누가 와야 하는지를 말한다. 미리 암호도 정해 놓았다. 아주 급박한 순간에는 "전화를 걸어 주세요.", "하얀 트럭 부탁해요."라고 무전을 한다. 이 뜻은 아밀리아의 부모님과 911에 전화를 하라는 뜻이다. 이렇게 특정 학생의 이름이나 911이라고 말하지 않는 까닭은 어디나 항상 엿듣고 소문을 퍼뜨리는 사람들이 있기 때문이다. 평소에 항상 무전기를 차고 다니는 특수교육 선생님, 보건 선생님 그리고 교장 선생님은 호출을 받는 즉시 빠른 걸음으로 아밀리아가 있는 곳으로 간다.

그동안 아밀리아 곁에 있는 사람은 아밀리아를 바닥에 눕히고 고개를 옆으로 돌려 아밀리아가 구토를 하게 될 경우 기도가 막히지 않도록 하고, 다리를 살짝 겹치게 놓아 다리에 경련이 일어나더라도 표시가 덜 나게 자세를 잡아 준다. 아밀리아의 손바닥을 꾹꾹 눌러 주거나 등을 찬 손으로 쓸어 주어 경련 상태에서 빨리 의식이 회복하도록 한다. 특수 교육 선생님, 보건 선생님 그리고 교장 선생님이 도착하면 경련이 지속되는 시간과 횟수, 경련과 경련 사이의 간격 등을 기록한다. 경련이 2분 이상 지속되고 횟수가 잦아지면 부모님과 911에 전화할 준비를 하고 5분 이상 지속될 것 같은 느낌이 들면 교장 선생님과 보건 선생님의 합의하에 911과 부모님께 전화를 한다. 보건 선생님은 보건실에서 아밀리아의 의료 기록을 출력해서 준비하고 아밀리아 주치의가 처방해 준 약을 준비하여 아밀리아의 입에 넣어 준다. 이 약을 아밀리아에게 먹일 수 있는 사람은 오직 교장 선생님과 보건 선생님뿐이다.

며칠 전에는 이러한 과정을 거쳐 구급차가 출동하였다. 나는 교장 선생님의 지시로 학교 건물 밖에서 구급 대원들이 학교로 신속하게 들어오도록 출입문을 붙잡고 있었다. 마치 영화 〈고스트버스터즈〉에 나오는 대원들처럼 두툼하고 때가 탄 유니폼을 입은 구급 대원 5명이 커다란 의료 가방을 하나씩 들고는 교실로 왔다. 보건 선생님은 구급 대원들에게 의료 기록을 건네주었고, 경련이 일어난 횟수와 시간 등을 일러 주었다. 구급 대원들은 가방에서 의료 장비들을 꺼내 심장 박동과 혈당 등을 검사했고, 아밀리아가 의식을 회복하고 아밀리아의 아버지가 오자 철수하였다. 물론, 아밀리아는 한바탕 소동 후에 아버지와 집에 갔다. 이런 일을 처음 경험하고 목격한 나에게 동료 선생님이 말해 주었다. 아밀리아가 비록 경련을 일으키고 의식이 없어 보이지만 표현만 못할 뿐이지 듣고 볼 수 있는 경우도 있기 때문에 최대한 고요하고 안정된 모습으로 신속한 도움을 주어야 한다는 것이다. 그리고 경련을 일으키고 나면 마치 100미터 달리기를 하고 난 것처럼 에너지가 소모되기 때문에 집에 가서 쉬어야 한다는 것이었다. 요즘 나는 뇌전증에 대해 삶으로 배우는 중이다.

학교에서 뇌전증이 있는 학생들을 잘 돌보는 방법

··· 뇌전증에 대해 모르는 사람은 없지만 막상 학생에게 경련이 일어나거나 의식을 잃게 되는 일이 벌어졌을 때 어떤 조치를 취해야 하는지에 대해서는 일반인에게 알려진 것이 거의 없다. 학교에서 학년 초에 학급에 뇌전증이 있는 학생이 있다는 사실을 알게 되면 학생에게 응급 상황이 벌어졌을 때 어떤 조치를 취해야 할지를 미리 생각하고 교육을 해 둔다면 큰 도움이 된다. 내가 근무하는 학교에서는 다음과 같은 매뉴얼로 뇌전증이 있는 학생에게 경련이 일어났을 경우 대처한다.

• 학년 초에 뇌전증이 있는 학생의 경우 보건 선생님, 담임 선생님, 특수교육 선생님이 긴밀하게 학생의 증상, 약물 복용 여부, 경련의 횟수 및 정도 등에 관해 연락을 주고받는다. 경우에 따라서는 학생의 주치의와 연락하기도 한다.
• 경련이 잦고 심한 학생의 경우 보조 선생님을 늘 옆에 둔다. 학생의 경련이 시작되면 보조 선생님이 정해진 수신호를 한다. 예를 들면, 손뼉을 치거나 호루라기를 불거나 책상을 두드리거나 등의 수신호를 미리 담임 선생님과 학급 학생들 간에 정한다.

- 뇌전증이 있는 학생의 경련이 심해지면, 신호에 따라 학급의 학생들과 담임 선생님은 교실을 비워 준다. 보조 선생님은 특수교육 선생님과 보건 선생님, 교장 선생님을 호출한다. 보건 선생님의 지시하에 학생을 바닥에 눕히고 고개를 돌려 기도가 막히지 않게 하며, 나머지 선생님들은 경련이 몇 초 간격으로 일어나는지 시간을 기록하고, 구급차를 불러야 하면 구급차를 부르러 간다. 이때 보건실에 학생이 주치의로부터 처방받아 온 응급 의약품(경련을 멈추게 하는 약물)이 있다면 학생에게 투여하기로 미리 정해진 사람이 약물을 학생에게 투여한다. 혹시 학생이 도서관이나 식당 등 공공장소에서 경련을 일으켜 나머지 사람들을 나가게 할 수 없는 상황이라면 선생님들이나 친구들이 등을 안쪽으로 학생을 둘러싸서 학생이 경련하는 모습이 여러 사람에게 노출되지 않도록 한다. 보건 선생님 또는 특수교육 선생님의 지시하에 학생이 경련 중 다치지 않도록 붙잡아 주는 사람, 구급차를 부르는 사람, 경련 간격과 시간을 기록하는 사람, 부모에게 연락을 취하는 사람, 호기심에 기웃거리거나 몰려오는 학생들을 막는 사람 등 일사불란하게 역할을 분담하여 움직인다.
- 학생의 경련이 멈추고 의식이 돌아오게 되면 학생을 부

축하거나 휠체어를 가져와 학생을 보건실로 옮기고, 자리를 옮겼던 학급 학생들과 담임 선생님에게 연락하여 교실로 돌아오게 한다.

22
공부를 못하는 것은 누구 탓일까
– 학습장애

여러분은 혹시 이웃집 아주머니가 "우리 집 아이는 머리는 좋은데 노력하지 않아 성적이 좋지 않아 걱정이에요."라는 푸념을 들어 본 적이 있는가? 또는 머리는 괜찮은 것 같은데, 도무지 공부에 취미를 보이지 않거나 노력은 하는 것 같은데 성적이 안 좋은 학생에 대해 들어 본 적이 있는가? 나는 한국에서 10년 넘게 아이들을 가르치며 이러한 학생들을 많이 보았다. 그중에서도 가장 기억에 남는 학생이 한 명 있다.

준영이는 부족함이 없는 가정의 외동아들이었다. 나는 3,

4학년 이렇게 2년간 준영이의 담임 선생님이었다. 준영이의 어머니는 준영이를 보살피기 위해 전업주부로 모든 열정을 준영이에게 쏟았다. 집 안팎의 전폭적인 지원에도 불구하고 준영이는 도무지 학업에 진보를 보이지 않았다. 전반적으로 성적이 낮았지만, 특히 수학은 그의 블랙홀이었다. 그래서 시험 때가 되면 부모님은 모든 스케줄을 줄이고 준영이를 앉혀 놓고 각종 문제집을 꼼꼼히 풀어 가며 시험 준비를 했다. 그러나 결과는 대체로 실망스러웠다. 나중에는 서울대학교에 다니는 가정 교사를 붙여 주어 준영이의 공부를 봐 주게 하였다. 그러나 결과는 변함이 없었다.

나는 준영이 어머니의 노력과 절망을 보면서 도대체 무엇이 문제일까 궁금하기도 하고 안타까워했다. 3, 4학년 수학이 무엇이 어렵길래 가정 교사까지 붙여 일대일로 공부를 하는데도 성적이 오르지 않는 이유를 그 당시에는 알 수 없었다. 그런데 특수교육을 공부하면서 학습장애라는 것이 있다는 것을 알게 되었다. 이 단어를 접했을 때 나는 무릎을 치며 그 당시 준영이가 학습장애를 가지고 있었고, 만약 특수교육 서비스로 준영이를 도왔다면 다른 결과를 얻을 수도 있었겠다는 아쉬움을 가지게 되었다.

영어로 Learning Disability라고 불리는 학습장애란 도대체 무엇인가? 학습장애란 지능은 보통이나 그 이상이며 정신지체나 시각, 청각 등의 장애가 없음에도 불구하고 학습이 제대로 되지 않은 경우를 말한다. 불량한 가정환경이나 학습환경, 또는 노력 부족으로 인해 생기는 학습부진이나 학습지진과는 구별된다. 한마디로 말해, 머리는 괜찮은데 공부가 되지 않는 사람을 말한다. 즉, 준영이의 경우처럼 열심히 노력하며 준비하는 데도 도무지 학업에 성과가 나지 않는 경우를 말한다. 학습장애가 생기는 원인에 대해서는 아직 명확히 밝혀진 것은 없지만 대부분의 연구자는 주의집중, 지각, 인지, 기억력, 사고력 등에 장애가 있거나 대뇌신경학상의 미세한 기능장애로 일어나는 증세가 아닐까 말하고 있다.

주로 읽기, 쓰기, 셈하기에서 잦은 실수, 헷갈려 하기, 거꾸로 읽거나 쓰기, 단어나 구절을 빼먹고 읽거나 쓰기, 문장을 끝까지 차분히 읽지 못하고 엉뚱하게 답하기, 삐뚤빼뚤한 글씨체, 수학에서 문장제 문제를 이해하지 못하고 틀리기 등이 학습장애의 대표적인 증상이다. 이러한 증세를 보이는 학생들의 경우 보통 학생들이 공부하고 노력하는 방식으로 반복적으로 문제를 풀고 많은 시간을 강의를 듣고 암기를 하는 방법으로는 성적을 향상시키기가 어렵다.

학습장애를 가진 학생들이 부딪히는 가장 큰 문제는 공부를 안 한다 또는 게으르다 등으로 오해받거나 비난받아 마음에 상처를 입고 자존감이 낮아지게 되는 것이다. 또한 단지 읽기 또는 셈하기를 못한다는 이유로 다른 과목이나 활동도 못하겠거니 하는 오해를 받으며 과소평가를 받기 쉬워지는 것이다. 미국에서는 ADHD 다음으로 널리 퍼져 있는 장애가 바로 학습장애이다. 학습장애로 진단을 받은 학생은 장애 영역에 따라 학교에서 특수교육을 제공받게 된다. 예를 들면, 난독증이나 읽기에 장애를 보이는 학생의 경우, 특별한 글씨체로 인쇄된 책으로 읽기 공부를 한다거나 선생님으로부터 문장을 바르게 읽을 수 있는 여러 가지 팁을 배우게 된다. 특수교육 선생님과 함께 책에 자주 나오는 단어들을 따로 외우거나 읽기 연습을 하기도 한다. 이렇게 특수교육 선생님으로부터 일대일로 수준에 맞는 교육을 받게 되면 훨씬 공부하기가 수월해지고 학업에 효과가 나타나게 된다.

안타깝게도 아직 한국인들 사이에서는 학습장애가 장애로 생각되기보다는 게으름의 변명 또는 팔자 좋은 푸념 등으로 치부되는 경우가 많은 것 같다. 학습장애를 가진 학생들이 제대로 교육을 받게 되면 훨씬 좋은 성과를 볼 수 있는데도 불구하고, 제대로 진단을 받지 못하여 '게으름뱅이', '뺀질이', '돌머리' 등으로 비난받으며 오해를 받는다. 요즘에 한국의 강남이나 일산 등지에 '학습클리닉' 또는 '심리센터' 등의 이름으로 학습장애에 대한 교육을 제공하는 사설기관들이 많이 생겨나고 있다. 학습장애는 더 이상 숨겨야 하는 이상한 병이나 증상이 아니라 많은 학생이 가지고 있는 장애이며 충분히 교육에 의해 극복하고 적응할 수 있다. 혹시 자녀가 열심히 노력하는 데도 성적이 좋지 않다면 두 가지로 생각해 보면 된다. "내가 부모로서 욕심이 너무 많은가?"와 "내 아이가 혹시 학습장애를 가지고 있는 것은 아닌가?"이다. 만약 본인은 욕심이 없고 자녀가 학습장애를 가지고 있을 것 같은 생각이 든다면 하루라도 빨리 특수교육을 받기를 바란다. 빨리 교육을 받을수록 마음의 상처가 덜어지고 교육의 효과가 커진다.

학습장애를 지닌 학생들을 지도하기

… 학습장애를 지닌 학생을 지도할 때는 기존의 공부 방법을 탈피할 필요가 있다. 기존 공부법으로 학습이 안 되니까 이 지경까지 온 것이 아닌가 하는 생각을 하면서 새로운 자기만의 공부법을 찾아야 한다. 매스컴에서 떠드는 이렇게 하니 꼴찌 성적에서 어느 날 갑자기 1등급이 되었네, 저렇게 하니 갑자기 일류 대학에 합격하게 되었네 하는 남의 공부 방법은 참고만 할 뿐, 그 방법이 본인이 맡은 학생이나 자녀에게도 적용될 것이라는 생각은 내려놓아야 한다. 내가 사용하는 공부 방법을 소개한다.

- 단기 기억력은 학습에 상당한 작용을 한다. 만약 기억력이 약한 학생이라면 반복, 또 반복 학습을 거듭해야 한다. 이때 그림을 그리거나 조작물을 이용하거나 음악을 듣거나, 아무튼 학생이 반복 학습하는 데 조금이라도 도움이 된다고 하면 그 방법을 활용하도록 한다. 공부를 할 때에는 꼭 정자세로 앉아서 조용한 가운데 해야 한다는 고정관념을 버리고 무엇이든 그 학생 개인에게 효과적인 것을 지속적으로 활용하도록 한다.
- 수학을 공부할 때, 받아올림이나 받아내림 등의 연산 알

고리즘을 잘 익히지 못하는 경우, 그림을 그리거나 수직선, 구체물 등을 이용하여 우선 문제를 풀어 보도록 권한다. 알고리즘을 익히는 것이 수학의 전부는 아니므로 이 단계를 잘 익히지 못한다고 해서 수학 전체를 포기하는 일이 없도록 한다.

- 문제를 풀 때, 문제를 빨리 풀기보다는 3번 이상씩 읽어 보고 천천히 풀게 한다. 이를 위해서는 문제를 푸는 양을 줄여 주어야 한다. 양을 포기하고 학습의 질을 높인다.

- 스티커 차트나 보상 차트를 만들어서 스티커 10개를 받으면 간단한 보상을 받게 한다. 보상은 꼭 거창할 필요는 없다. 예를 들면, 10분간 자유시간 가지기, 좋아하는 간식 먹기, 30분 컴퓨터 게임 하기, 생활용품점에 가서 1000원짜리 물건 하나 고르기 등 학생이 좋아하는 것으로 정한다. 꾸준히 적용하면 상당한 효과가 있다.

- 20분 공부하고 10분 휴식과 같이 짧은 시간에 집중하고 중간중간 휴식을 한 후, 다시 과제에 임하게 한다.

23
교통사고나 정신적인 충격으로
인지기능이 낮아질 수도 있다

특수교육을 공부하면서 깜짝 놀랐던 사실은 교통사고나 트라우마 등으로 뇌에 손상을 입을 수 있다는 것이다. 2011년 자료에 따르면*, 트라우마로 뇌손상이 오는 경우는 사고나 운동을 하다 머리를 다치는 경우, 폭행이나 학대, 약물 등의 남용이다. 가만히 생각해 보니 이런 상황은 미국이

---

* 저자 주) 미국 질병관리본부(Centers for Disease Control and Prevention)에 따르면 2020년에는 미국에서 매일 176명이 트라우마로 인한 뇌손상으로 목숨을 잃었고, 2019년에는 약 223,000명이 병원에서 입원치료를 받았으며, 고등학생 중 15%의 학생들이 일 년 동안 스포츠나 각종 레저 활동 중 트라우마로 인한 뇌손상을 1회 이상 경험했다.

나 한국에서 흔하게 발생하는 일이다. 교통사고를 당하거나, 스케이트를 타다 뒤로 넘어지거나, 어렸을 때 심하게 학대를 당하거나 하는 일들은 심심치 않게 뉴스에 나온다. 그렇다면 이런 일들을 당한 어린이나 어른은 어떤 어려움을 겪게 되는 것일까?

뇌손상의 부위와 정도에 따라 증상이 다르게 나타나지만, 문제는 겉은 멀쩡한데 말이 점점 어눌해지거나, 기억력이 현저히 떨어지거나, 집중하지 못하거나 성격이 바뀌는 등의 변화가 사고나 트라우마가 발생한 한참 후에 나타난다는 것이다. 많은 경우 이러한 변화를 본인과 가족들이 잘 받아들이지 못한다. 뇌손상이 여러 해에 걸쳐 서서히 악화되기도 하여 재활치료를 할 시기를 놓치게 되기도 한다. 뇌손상이 어렸을 때 발생할수록 그 영향이 크다.

교통사고나 학대 등으로 우울증, 대인기피증, 또는 지나친 두려움 등이 생길 수 있다고 생각한 적은 있어도 기억력이 떨어지고, 논리적 사고력이 약화되며, 언어에 지장을 받을 수 있다고는 한 번도 생각해 본 적이 없었다. 그런데 이런 결과가 나타날 수 있고, 또 한 번 손상된 기능은 의학적으로 회복 불가능하다고 하니 정말 깜짝 놀랄 일이다. 주된 치료법 또는 해결책은 지속적인 재활 훈련을 통해 변화된 자신의 상태를 받아들이고 일상생활에 적응하는 길밖에는 없다.

영화나 드라마에서 보면 몇 달 또는 몇 년을 식물인간 상태로 지내다가 기적적으로 깨어나 복수를 위해 활기차게 뛰어다니는 캐릭터가 나온다. 다 근거 없는 상상력이 만든 상황이다. 머리를 다쳐 코마 상태로 몇 주만 있어도 깨어나게 되면 전혀 다른 사람이 된다. 예전에 구사했던 화려한 어휘는 온데간데없고 초등학교 수준으로 말을 하는가 하면, 아무리 수학책을 들여다봐도 학습이 되지 않는 상황이 발생할 수도 있다. 장기기억에 문제가 생겨 예전에 잘 알았던 학습 내용들도 가물가물하기가 일쑤이다. 팔다리도 처음에는 잘 움직이지 못해 며칠에서 몇 달 간 재활치료를 받아야 할 수도 있다.

예전에 가출청소년에 관한 다큐멘터리를 본 적이 있다. 다큐멘터리에 등장한 한 소녀가 가출 전과 후에 지능검사 결과가 다르게 나왔다는 내용이 떠오른다. 아마 그 다큐멘터리에서는 소녀가 지능이 경계선인데도 보살핌을 받지 못하고 험한 생활을 하고 있다는 취지로 그 내용을 넣은 것 같은데, 나는 그 소녀가 가출 기간 동안 겪은 여러 가지 트라우마로 인지기능이 현저히 떨어졌다는 것으로 해석되었다.

앞으로 학교에서 교통사고를 당했거나 큰 사고를 겪고 살아남은 학생을 가르치게 된다면, 그 학생이 공부를 좀 못 따라오더라도 너그러운 마음으로 대해 주어야겠다는 결심을 하게 되었다. 세월호 사건, 지진, 화재, 교통사고, 전염병, 전쟁 등 안방에서 텔레비전만 들여다보고 있어도 가슴이 답답해 오는 요즘, 사건 현장에서 살아남아 학교로 돌아온 이들에게 배려와 보살핌이 필요할 것이다.

한 가지 희망은 요즘 의학계에서는 뇌의 가변성에 대한 연구가 진행 중이라는 것이다. 뇌의 한 부위가 손상을 입었더라도 아주 어린 나이라면 성장하면서 손상을 입은 부위의 기능을 뇌의 다른 구역에서 담당하도록 발달한다는 것이다. 이런 뇌의 가변성 때문에 인간 승리 또는 회복의 기적이 발생하는 것이리라. 얼마 전 미국의 교육방송(PBS)에서 한 젊은 여성이 뇌출혈로 쓰러졌다 깨어나 다시 일상생활로 복귀

하기까지의 과정과 노력을 이야기하는 인터뷰를 들었다. 역시 이 여성도 많은 변화를 겪었고 성격이나 말투도 쓰러지기 전과 달라진 자신을 발견했다고 했다. 그러나 부단한 재활훈련을 통해 새로운 삶을 살며 뇌의 가변성에 대해 본인이 직접 증명해 주었다. 뇌의 가변성은 새롭게 연구가 진행 중인 분야이다. 신비롭고 탐구하고 싶은 분야이다. 뇌가 변할 수 있다니! 새로운 희망이 생긴다.

··· 트라우마를 겪은 학생들은 겉은 멀쩡해 보이고, 일상생활을 잘해 나가는 것처럼 보이기에 좀처럼 장애가 생겼다고 인식하기가 어렵다. 그러나 이 학생들과 마주 앉아 진지하게 학습을 하거나 이야기를 나누어 보면, 또는 학생이 겪은 트라우마와 유사한 환경이나 광경이 눈앞에 펼쳐지면 학생들은 이상행동이나 과잉행동을 보이며 본인과 주변 사람들을 당황스럽게 만든다. 트라우마 이전의 기능을 회복하려면 부단한 훈련과 노력이 필요하며, 이전의 기능을 다 회복할 수 없을지도 모른다는 생각을 가져야 한다. 트라우마를 겪어 뇌에 손상을 입은 학생들에게는 다음과 같이 한다.

- 기억력이 감퇴되었을 수 있으므로 간단명료하게 할 일을 지시하고 메모하는 습관을 가지게 한다. 할 일들을 기억하기 쉽도록 적어서 주거나 여러 번 반복하여 말해 준다.
- 신체를 균형 있게 움직이는 데 어려움이 있으므로 주변에 넘어질 수 있는 복잡한 물건들을 치워 주고, 단순하고 정갈한 환경을 제공한다.
- 오랫동안 집중하는 데 어려움이 있으므로 쉬는 시간을 자주 가지고 적절한 휴식을 취하며 학습을 하게 한다.

- 언어기능에 손상을 입었다면 글씨 쓰기, 책 읽기 등에 어려움이 있을 수 있다. 또한 어휘력도 많이 감퇴되었을 수 있으므로 단어나 책 읽기 등을 새롭게 배운다는 마음으로 언어기능이 어느 정도 회복되기까지 기초부터 다시 학습해야 한다.
- 우울감이나 분노, 성격 변화 등이 있을 수 있으므로 가족과 선생님의 많은 이해와 보살핌이 필요하다.

참고문헌

Arizona Department of Education. Educator Certification & Career. https://
www.azed.gov/educator-certification/educator-certification-career

Center for Disease Control and Prevention. Report to congress—The manage-
ment of traumatic injury in children: opportunities for action. https://
www.cdc.gov/traumaticbraininjury/pdf/reportstocongress/manage-
mentoftbiinchildren/TBI-ReporttoCongress-508.pdf

Centers for Disease Control and Prevention. Traumatic Brain Injury and Con-
cussion. https://www.cdc.gov/traumaticbraininjury/index.html

Hensel, W. F., & O'Rourke, C. M. (2013). The legal foundation for special edu-
cation. In Colarusso, R. P., O'Rourke, C. M., & Leontovich, M. A. (2013).
Special education for all teachers (6th ed., pp. 34-36). KendallHunt.

Kutscher, M. (2014). *Kids in the syndrome mix of ADHD, LD, Autism Spec-
trum, Tourette's Anxiety, and more* (2nd ed.). Great Britain: Jessica King-
sley Publishers.

Understood. (2022). What is a 504 plan?. https://www.understood.org/en/
articles/what-is-a-504-plan

U.S. Department of Education (2010, August). Free appropriate public education for students with disabilities: Requirements under section 504 of the rehabilitation act of 1973. U.S. Department of Education Office for Civil Rights. https://www2.ed.gov/about/offices/list/ocr/docs/edlite-FAPE504.html

법제처 국가법령정보센터 www.law.go.kr

한국민족문화대백과사전 encykorea.aks.ac.kr

찾아보기

504 Plan 167, 168

A

ADHD 018, 028, 033, 038, 047, 070, 116, 121, 139, 163, 166, 196

ADHD검사 121

D

Day School 086

DSM-5 153

E

epilepsy 181

F

FAPE 045, 048, 049

I

IEP 063, 087, 107, 125

IEP 미팅 094

Inclusion 106

intervention 118

M

mainstreaming 085

Multidiciplinary Evaluation Team Meeting 120

N

Nonviolence Crisis Intervention 140

O

ODD 151

P

Prior Written Notice 128

R

Resource Classroom 085

Resource Teacher 028, 085

S

scaffold 073

Seclusion Room 138

Self-Contained Class 085

T

Tier-3단계 118

ㄱ

감각통합치료 086

강박신경증 139

개별화교육 050

개별화교육계획안 029, 067,
    087, 089, 107, 121, 125

건강장애 184

공개 수업 092

교육청 소속 간호사 092

기숙형 특수학교 086

기존 자료 검토 미팅 120

기타 건강장애 115, 121, 183

ㄴ

낙오학생방지법 056

난독증 116, 175, 176

놀이치료 065

농-맹 115

뇌병변 023

뇌성마비 182

뇌전증 024, 028, 107, 116,
    181

ㄷ

다운증후군 022, 023, 086,
    105

단기 기억력 198

대뇌신경학 195

대인기피증 202

대한뇌전증학회 181

ㅁ

말/언어장애 115

문제행동 전문가 057

물리치료사 092

ㅂ

반사회적 인격장애 155

발달지체 086

보조 선생님 031, 094, 107

불안장애 038, 139

불안증 165

비계 073

비장애인 063, 109

비폭력 위기관리 138

비폭력 위기관리 교육 140

ㅅ

사전 서면 동의서 128

소아당뇨 116

시각장애 022, 023, 086, 115

ㅇ

안정실 138

언어장애 028, 033

언어재활사 015, 017, 057, 092

언어치료 016, 065, 095

외상성 뇌손상 115

용혈성 빈혈 116

우울증 165, 172, 202

운동신경검사 121

유전병 182

인지검사 120

ㅈ

자폐스펙트럼장애 016, 018, 022, 023, 028, 038, 047, 070, 086, 115, 139, 165, 172

작업치료 016, 065, 095

작업치료사 017, 057, 092

장애인 062, 099

장애인교육법 045, 087, 114, 115, 168

장애인 등에 대한 특수교육법 050

장애인복지법 062

장애 진단 070

재활법의 504조 045

적대적 반항장애 028, 038, 086, 139, 151, 153, 165, 172

정서장애 018, 033, 086, 115

정신질환의 진단 및 통계 편람 153

주차장 097

중복장애 115

중증 신체장애 086

지능검사 121

지원실 선생님 028

지적장애 115

지체장애 115

진단검사 029

ㅊ

청각장애 086, 115

ㅋ

케이스 매니저 095

ㅌ

통합 특수교육 016

통합학급 055

투렛증후군 139, 165

트라우마 201

특수교육 선생님 취업 면접 113

특수체육 선생님 092

특수체육치료 126

특수학교 107

특수학급 107

특정학습장애 115, 176

ㅍ

품행검사 120

프리스쿨 055

ㅎ

학교 심리검사 선생님 015, 017,
    057, 093, 119

학력검사 120, 121

학습부진 119

학습장애 018, 028, 033, 038,
    121, 165, 194

행동수정 086

행동수정 전문가 093

행동장애 086

환대 110

저자 소개

신경아(Shin, Kyoung A)

이화여자대학교 초등교육과에서 학사 및 석사 학위를 받았고, 미국 애리조나주에 있는 Grand Canyon University에서 Master of Education in Special Education Leads to Initial Teacher Licensure를 졸업하였다.

중앙기독초등학교에서 약 13년간 교사로 근무하면서 통합학급에서 자폐스펙트럼장애 및 복합장애를 지닌 학생들을 지도하였다. 1999년 EBS에서 방영한 〈학교현장보고-#61 협동사회 수업〉편에 수업 사례가 방영되기도 하였다.

2015년에 미국으로 건너가 특수교육을 공부하고, 2019년부터 애리조나 피닉스 및 템피 지역에 있는 Kyrene School District에 속한 Waggoner Elementary School과 Mariposa Elementary School에서 특수교육 선생님, 즉 Resource Teacher로 근무하고 있다. 통합학급에서 주로 ADHD, 학습장애, 정서장애, 적대적 반항장애 및 자폐스펙트럼장애 학생들을 가르치고 있다.

목사인 남편을 따라 애리조나 지구촌 교회에서 사역하고 있고, 대학생 딸과 고등학생 아들이 있다. '심기운 곳에서 꽃피우기'라는 네이버 블로그를 운영하고 있다.

namenoshin@naver.com
https://blog.naver.com/namenoshin

좌충우돌 미국의 통합교육 이야기

-ADHD, 자폐스펙트럼장애, 학습장애, 정서장애, 적대적 반항장애 학생들과의 학교생활 이야기-

Survival Story of a Korean Teacher in American School Special Ed
- Teaching Students with ADHD, ASD, SLD, ED, and ODD in LRE -

2023년 3월 10일 1판 1쇄 인쇄
2023년 3월 20일 1판 1쇄 발행

지은이 • 신경아
펴낸이 • 김진환
펴낸곳 • (주) **학지사**

           04031 서울특별시 마포구 양화로 15길 20 마인드월드빌딩
대표전화 • 02)330-5114   팩스 • 02)324-2345
등록번호 • 제313-2006-000265호

홈페이지 • http://www.hakjisa.co.kr
페이스북 • https://www.facebook.com/hakjisa

ISBN 978-89-997-2848-8 03770

정가 16,000원

출판미디어기업 **학지사**

    간호보건의학출판 **학지사메디컬** www.hakjisamd.co.kr
    심리검사연구소 **인싸이트** www.inpsyt.co.kr
    학술논문서비스 **뉴논문** www.newnonmun.com
    교육연수원 **카운피아** www.counpia.com